Weiters möchte ich gleich zu Anfang
Bilder enthalten sind (es wird einige
sich das fragen).

Es ist einfach so, das mit den Bilde
verbunden sind, angefangen von der Erstellung bis zu den
sehr hohen Druckkosten dafür.

Wenn dann so ein Buch schnell mal weit über 20 €, eher im
Bereich bei 30 bis 40 € kostet, sind viele Leser einfach nicht
bereit, so viel Geld für ein Buch auszugeben, vor allem, da
es ja sowieso nur Beispielbilder sein können, die beim
Nachkochen ja meistens (aus eigener Erfahrung) anders
aussehen.

Wir haben darauf geschaut, dass die Anleitungen für`s
Nachkochen so einfach und gut verständlich wie möglich
sind, so kann unserer Meinung nach sicher sehr gut auf
Hochglanzbilder verzichtet werden.

Und nun wünsche ich Ihnen viel Vergnügen und Freude mit
den folgenden Rezepten, kochen Sie sie einfach nach Lust
und Laune nach.

Guten Appetit!

Klassische deutsche Gerichte

Wurstsalat aus Bayern

- 642 kcal
- 24 g Eiweiß
- 53 g Fett
- 17 g Kohlenhydrate

Zutaten für 4 Personen
- 2 Zwiebeln (am besten schmecken rote)
- 200 g würzigen Schnittkäse
- 300 g Mortadella
- 2 Paprika (rot, gelb)
- 2 EL süßer Senf
- 100 g Gewürzgurken
- Salz, Pfeffer
- 1 Bund Schnittlauch
- 3 EL Olivenöl
- 3 EL weißer Balsamico Essig
- 1 Brezel

Dauer: 30 Minuten
Schwierigkeitsgrad: Leicht

Inhaltsverzeichnis

Deutsche Küche Rezepte

Klassische Deutsche Gerichte

und

Spezialitäten Kochbuch

Incl.

Vegetarische und Vegane Rezepte

Autorin: Sophia HOLD

Einleitung:

Die deutsche Küche ist abwechslungsreicher, als man auf den ersten Blick glauben mag. Während andere Küchen über einen Reichtum an verschiedenen Aromen und Geschmacksrichtungen verfügen, wird der deutschen Küche gerne nachgesagt, dass sie eintönig und wenig abwechslungsreich sei.

Dieses Buch beweist allerdings das Gegenteil!

Ob deftig, süß oder herzhaft. Hier ist für jeden Geschmack etwas dabei und für jede Tageszeit das passende Gericht aufgeführt.

Aber auch Vegetarier und Veganer kommen hier nicht zu kurz. Obwohl die deutsche Küche traditionell eher fleischlastig ist, finden sich allerhand Variationen, die ganz ohne Fleisch auskommen.

In diesem Buch warten nicht nur klassisch-deutsche Gerichte auf Sie zum Nachkochen, sondern auch andere, bisher weniger bekannte, aber dennoch sehr empfehlenswerte Gerichte, die dem Gaumen schmeicheln.

Infos zu den Rezepten und Inhalten:

Die Nährwertangaben sind immer pro Portion angeführt, bei den Zutaten ist angegeben, für wieviele Portionen sie gelten!

- Zwiebeln schälen. Paprika waschen und entkernen. Alle Zutaten in feine Streifen schneiden und in einer Schüssel vermischen. Den gewaschenen Schnittlauch in dünne Röllchen schneiden.
- Aus Öl, Essig, Zucker, Pfeffer und Salat eine Marinade machen und unter die Zutaten mischen. Den Wurstsalat 45 Minuten ziehen lassen und immer wieder gut umrühren.
- In der Zwischenzeit die Brezel in ca. 1 cm große Würfeln schneiden und in einer Pfanne goldbraun werden lassen. Kurz vor dem Servieren unter den Salat mischen. Mit Schnittlauch bestreuen und genießen.

Erbsensuppe mit Wiener /Frankfurter Würstchen

- 670 kcal
- 27 g Eiweiß
- 48 g Fett
- 29 g Kohlenhydrate

Zutaten für 8 Personen
- 450 g Kartoffeln
- 1 Bund Suppengemüse
- 3 Zwiebeln
- 800 g Schinkenknochen
- 500 g grüne Erbsen
- 6 Wiener bzw. Frankfurter Würstchen
- 350 g klein würfeliger Speck
- Salz, Pfeffer
- Schwarze Pfefferkörner (ca. 10 Stk.), Lorbeerblätter
- 4-5 Stiele Petersilie
- 1 Prise Zucker

Dauer: 225 Minuten
Schwierigkeitsgrad: Leicht

- Suppengemüse waschen und mit den geschälten Zwiebeln klein schneiden. Die Kartoffeln ebenfalls schälen, waschen und in kleine Würfel schneiden.
- Die gewaschenen Knochen mit dem Gemüse in einem großen Topf mit ca. 3 Liter Wasser aufgießen Speck, Erbsen und Gewürze ebenfalls dazugeben und die Suppe für 3 Stunden auf kleiner Stufe köcheln lassen.
Darauf achten, dass die Suppe nicht zu stark kocht, da sie sonst trüb wird.
- Zum Schluss die gehackte Petersilie unterrühren und nochmals abschmecken. Die Würstchen in Scheibchen schneiden und in der Suppe servieren.

Gefüllte Kohlrouladen

- 420 kcal
- 26 g Eiweiß
- 27 g Fett
- 12 g Kohlenhydrate

Zutaten für 7 Personen
- 1 altbackenes Brötchen
- 1 Zwiebel
- 750 g gemischtes Hackfleisch
- 3 EL Öl
- 1 Kopf Weißkohl
- 2 mittelgroße Eier
- 1 Schuss Gemüsebrühe (instant)
- 1 EL Tomatenmark
- Salz, Pfeffer, edelsüßes Paprikapulver, Zucker
- 2 TL Senf
- 3 EL Soßenbinder (dunkel)
- Küchengarn

Dauer: 90 Minuten
Schwierigkeitsgrad: Leicht

- Den Kohl waschen, den Strunk herausschneiden und im Ganzen für 3 Minuten in kochendes Wasser legen. Dann sollten sich die einzelnen Blätter gut ablösen lassen. Diese dann vorsichtig zur Seite legen. Die Kohlrippe, wenn es leicht geht, flach abschneiden.
- Zwiebel klein schneiden, anrösten und das Hackfleisch dazugeben. Das Brötchen ausdrücken und mit dem Eiern zu der Hackfleischmischung geben. Würzen und zu einer Masse verkneten.
- Jeweils zwei Kohlblätter übereinanderlegen, etwas Hackfleischfülle darauf geben und zu Rollen wickeln. Mit Küchengarn befestigen.
- Öl erhitzen, die Rouladen kurz anbraten und das Tomatenmark einrühren. Mit der Brühe aufgießen und eine knappe Stunde schmoren lassen. Die Rouladen aus der Pfanne nehmen und zur Seite stellen. Warm halten.
- Den Soßenbinder in die Flüssigkeit einrühren und kurz aufkochen lassen. Die Soße abschmecken und zu den Rouladen servieren.

Hack-Pilz-Pfanne

839 kcal

Kohlenhydrate: 36 g

Eiweiß: 33 g

Fett: 60 g

Zutaten für 2 Portionen
- 100 g Champignons
- 1 Zwiebel
- 400 g Kartoffeln (festkochend)
- 250 g Hackfleisch, gemischt
- 1 TL heller Saucenbinder
- 150 ml Schlagsahne
- Salz, Pfeffer, edelsüßes Paprikapulver
- ein halber Bund Schnittlauch
- 100 g Tiefkühlerbsen
- 3 EL Öl

Dauer: 30 Min

Schwierigkeitsgrad: Mittel

- Die geschälten Kartoffeln auseinanderschneiden, salzen und in Wasser weichkochen.

- Die Zwiebel in klein würfeln, in der Pfanne mit Öl anrösten, die klein geschnittenen Champignons dazugeben und anschließend das Hackfleisch darin anbraten. Würzen.
- Mit Wasser und Sahne aufgießen, Erbsen dazugeben und noch einmal abschmecken. Kurz aufkochen lassen und 1 TL Saucenbinder einrühren.
- Die Hackfleischpfanne mit klein geschnittenen Schnittlauchröllchen bestreuen und gemeinsam mit den Kartoffeln servieren.

Blumenkohl-Kartoffelauflauf mit Schinkenstreifen

Kohlenhydrate: 19 g

Protein: 14 g

Fett: 31,7 g

Kalorien: 419 kcal

Zutaten für 4 Personen

- 500 g Blumenkohl
- 300 g Kartoffeln
- 1 Zwiebel
- 45 g Butter (3 EL)
- 1 EL Vollkornmehl
- 200 g Schlagsahne
- ¼ l Gemüsebrühe
- 60 g Schinken (4 Scheiben)
- ½ Bund Petersilie
- 70 g Gouda (1 Stück)
- Salz
- Pfeffer
- Muskatnuß

Dauer: 50 Minuten

Schwierigkeitsgrad: Mittel

- Salzwasser in einem Topf aufkochen. Blumenkohl waschen und die Röschen abteilen. Die dicken Stiele abschneiden. Kartoffeln schälen, waschen und in Scheiben schneiden. Die Blumenkohlröschen und die Kartoffelscheiben 5 Minuten kochen lassen. Abseihen und das Wasser gut abtropfen lassen.

- Die Zwiebel schälen und in kleine Würfel hacken. In eine Pfanne 1 EL Butter geben und die Zwiebel darin andünsten. Mit dem Vollkornmehl, diese bestäuben und mit Sahne und Gemüsebrühe angießen. Für 4–5 Minuten, bei mittlerer Hitze einköcheln lassen. Die Petersilie waschen, trocken schütteln und fein hacken. Anschließend mit dazu geben.

- Die Soße salzen, pfeffern und mit Muskatnuß würzen und von der Herdplatte nehmen. Die Kartoffeln und Blumenkohl abwechselnd mit Soße in einer Auflaufform schichten.

- Schinken in Streifen schneiden und darüberlegen. Zum Schluss wird der Gouda über Schinkenstreifen gerieben. Den Auflauf eine halbe Stunde bei 180 °C backen. Der Käse sollte goldgelb sein und den Auflauf überdecken.

Hühnersuppe mit viel Gemüse

Fett: 13 g

Kohlenhydrate: 32 g

Eiweiß: 64 g

Kalorien: 512 kcal

Zutaten für 4 Personen

- 1 ½ kg Hühnchen
- 2 Lorbeerblätter
- 175 g Vollkorn-Suppennudeln
- 300 g Knollensellerie
- 1 kleine Stange Lauch (150 g)
- 3 große Möhren (400 g)
- 3 Petersilienwurzeln (150 g)
- 200 g Hokkaidokürbis
- 150 g Pastinaken
- 2 Stiele Liebstöckel
- 3 Zwiebeln
- 3 l Wasser
- 12 schwarze Pfefferkörner
- Salz
- Öl zum anrösten

Dauer: 150 Minuten

Schwierigkeitsgrad: Schwierig

- Das Hühnchen kräftig abwaschen. Dieses in einen Topf legen und mit 3 l kalten Wasser übergießen. Das Hühnchen sollte bedeckt sein und aufkochen lassen.
- Das Fett, dass das Hühnchen während des Kochens ausläßt, bildet einen Schaum. Diesen mit einer Schaumkelle abschöpfen und weiter kochen lassen.
- Öl in einer Pfanne erhitzen. 3 ungeschälte Zwiebeln halbieren und mit der Schnittfläche nach unten anbraten.
- Die angerösteten Zwiebelhälften, Pfefferkörner, Lorbeerblätter und Salz in das kochende Wasser mit dazu geben und für 20 Minuten bei kleiner Hitze leicht kochen lassen. Den Schaum immer wieder nach Bedarf abschöpfen.
- Möhren, Lauch und 150 g Knollensellerie waschen, putzen und alles in grobe Stücke schneiden.
- Das Gemüse zu dem Hühnchen geben und für ca. 90 Minuten bei mittlerer Hitze ohne Deckel köcheln lassen.
- Die 3 Petersilienwurzeln, Pastinaken, restliche Möhren und Knollensellerie putzen und schälen. Den restlichen Lauch und Hokkaidokürbis putzen. Alles in ca. 2 cm große Scheiben oder Würfel schneiden und in einer großen Schüssel vermischen.
- Das fertig gekochte Hühnchen aus dem Topf nehmen und abkühlen lassen. Läßt sich die Haut und die

Knochen gut vom Fleisch ablösen, ist es für die weitere Verarbeitung gar. Das Fleisch in 2 cm große Würfel schneiden und in einer Schüssel zur Seite stellen.

- In einen 2. Topf die entstandene Brühe absieben. Das ungekochte Gemüse für 15 Minuten in der Brühe kochen, bei mittlerer Hitze.

- Wasser mit Salz in einen Topf geben und aufkochen lassen. Die Suppennudeln hineintun und bissfest kochen. In einem Sieb abgießen und kurz abschrecken.

- Die Nudeln und das Hühnchen zu der Brühe und dem Gemüse hineingeben und alles zusammen aufkochen lassen.

- Liebstöckel abwaschen, trocknen und die Blätter abmachen. Beim Servieren der Suppe werden sie darüber gestreut.

Pichelsteiner Eintopf mit dreierlei Fleisch

Fett: 9 g

Kohlenhydrate: 15 g

Protein: 27 g

Kalorien: 250 kcal

Zutaten für 3 Portionen

- 350 ml Gemüsebrühe
- 200 g vorwiegend festkochende Kartoffeln
- 5 große Zwiebeln
- 5 große Möhren
- ½ Wirsing
- 1 Knoblauchzehe
- 75 g mageres Rindfleisch
- 100 g Schweinefleisch
- 100 g Lammfleisch
- 1 Stiel Majoran
- Thymian- und Rosmarinzweig
- Pfeffer
- Salz
- 1 EL Rapsöl

Dauer: 120 Minuten

Schwierigkeitsgrad: Mittel

- Backofen auf 175 °C vorheizen.
- Die 5 Möhren waschen und putzen. 200 g Kartoffeln schälen und beides in gleich dicke Scheiben schneiden.
- Den Knoblauch und die Zwiebeln schälen und in feine Scheiben schneiden.
- Den Wirsing vom Strunk befreien, waschen und putzen. Mit Küchenpapier trocken tupfen und in grobe Scheiben zerteilen.
- Rindfleisch, Lammfleisch und Schweinefleisch in große Würfel, ca. 2 cm schneiden und in eine große Schüssel geben. Salzen, pfeffern und gut vermischen. Majoran, Thymian und Rosmarin abwaschen vorsichtig und trocknen.
- Einen Bräter auf die Herdplatte stellen und Öl darin heiß werden lassen. Das Fleisch hineingeben und kräftig anbraten. Nach dem Anbraten, den Bräter von der Herdplatte nehmen und beiseitestellen.
- 2/3 des angebratenen Fleisches in eine Schüssel geben. In den Bräter mit dem restlichen Fleisch wird die Hälfte vom geschnittenen Gemüse hineingelegt. Pfeffern und salzen.
- 1/3 des Fleisches aus der Schüssel in den Bräter geben und das restliche Gemüse drauflegen. Ebenso gut würzen.

- Das restliche Fleisch in der Schüssel dazugeben und Rosmarin, Thymian und Majoran darauflegen.
- Zum Schluss werden die 350 ml Gemüsebrühe hineingegossen und kurz aufgekocht.
- Den Bräter mit Deckel in den Backofen, auf mittlerer Schiene für 90 Minuten garen.

Kartoffel-Hack-Auflauf mit viel Gemüse

Fett: 29 g

Kohlenhydrate: 46 g

Eiweiß: 44 g

Kalorien: 621 kcal

Zutaten für 2 Personen

- 300 g Kartoffeln
- 300 g kleine Rosenkohlröschen (tiefgekühlt oder frisch)
- 200 g Hackfleisch vom Rind
- 2 Stangen Lauch
- 2 Eier
- 200 ml Wasser
- 1 TL Rapsöl
- 2 TL gekörnte Gemüse- oder Fleischbrühe
- 200 ml fettarme Milch
- 2 EL gehackte Petersilie
- 1 TL Butter
- 2 EL Paniermehl
- Kräutersalz
- Paprikapulver
- geriebene Muskatnuß

Dauer: 80 Minuten
Schwierigkeitsgrad: Mittel

- Backofen auf 180 °C vorheizen
- Die Rosenkohlröschen waschen, putzen und in 2 Hälften schneiden. TK-Rosenkohl vorher auftauen, abwaschen und halbieren.
- Die 300 g Kartoffeln schälen, vorkochen und in gleichgroße Scheiben schneiden. Die Kartoffeln können auch vor dem Kochen in Scheiben gegart werden.
- Den Lauch ordentlich abwaschen, kurz abtropfen und längs halbieren und in Stücken schneiden. Diese sollte ungefähr die Größe der Kartoffelstücke haben.
- Das Rapsöl in einer Pfanne erhitzen und das Rinderhack dazugeben. Mit Paprikapulver, Kräutersalz würzen und gut durchbraten. Nun die Lauchstücke hineingeben, umrühren und nur kurz mit anbraten.
- Die Rosenkohlhälften dazu und mit kurz anbraten. Alles zusammen umrühren und mit Wasser aufgießen. Gekörnte Gemüse- oder Fleischbrühe hineinstreuen und für 5 Minuten durchkochen lassen.

- Für einen Aufguß werden Muskatnuß, Eier, Milch, gehackte Petersilie und Kräutersalz miteinander verrührt.
- In eine mittelgroße Auflaufform werden die vorgekochten Kartoffelscheiben als erste Schicht hineingelegt. Darüber wird die Hack-Lauch-Rosenkohl-Mischung verteilt. Die restlichen Kartoffelscheiben als Decke darauflegen und den Guß darüber gleichmäßig gießen.
- Die Oberfläche mit Paniermehl bestreuen. Die Butter in Röschen oder Stücke schneiden und ebenso darauflegen, auf das Paniermehl.
- Den Auflauf auf mittlerer Schiene im vorgeheizten Backofen für ca. 30 Minuten backen lassen, bis er goldgelb ist.

Karlsbader Schnitten

Kohlenhydrate: 5,25 g

Eiweiß: 3,5 g

Kalorien: 75 kcal

Fett: 4,5 g

Zutaten für 4 Portionen

- Petersilie
- 4 Scheiben Käse
- 4 Scheiben Toastbrot
- 4 Scheiben Ananas
- 4 TL Margarine oder Butter
- 200 g Scheiben Schinken, Jagdwurst, Salami

Dauer: 45 Minuten

Schwierigkeitsgrad: Leicht

- Den Backofen auf 175 °C vorheizen
- Ananas aus der Dose vom Saft abtropfen lassen.
- Toastbrot im Backofen oder Toaster goldbraun toasten und abkühlen lassen kurz.
- Auf ein Grillgitter Backpapier legen.
- Den Toast mit Butter oder Margarine bestreichen.
- Dieses mit Jagdwurst, Schinken oder Salami belegen.

- Die Scheibe Ananas darauflegen
- Zum Schluss den Käse darüber. Er sollte bis über die Ananasscheibe reichen, da er dadurch besser zerlaufen kann.
- Den fertig belegten Toast 10 Minuten backen. Sollte der Käse nach dieser Zeit nicht komplett zerlaufen oder goldbraun sein, den Backofen auf Oberhitze stellen und für ein paar Minuten drinnen lassen, bis die gewünschte Bräune erreicht ist.
- Nach dem Backen auf einem Teller servieren und mit Petersilie bestreuen.

Butterspätzle zu Zwiebel-Rostbraten

Fett: 6,5 g

Eiweiß: 15,25 g

Kohlenhydrate: 17,5 g

Kalorien: 195 kcal

Zutaten für 4 Portionen

- 4 Hüftsteaks (ca. 800 g)
- 300 g Mehl und 3 EL Mehl zusätzlich
- 6- 8 EL Mineralwasser mit Kohlensäure
- 4 Eier (Größe M)
- 3 mittelgroße Möhren
- 5 Zwiebeln
- 1 EL Tomatenmark
- 1 TL Fleischbrühe
- 4- 5 EL Öl
- 2 EL Butter
- 1 Bund Petersilie
- Muskat
- Pfeffer
- Salz
- Tomatenmark
- ½ Liter Wasser

Dauer: 140 Minuten
Schwierigkeitsgrad: Schwierig

- Den Backofen auf 175 °C Umluft vorheizen.
- 1 TL Salz, Mehl und eine Prise Muskatnuß in einer Schüssel vermischen. Eine Mulde in die Mischung machen und die 4 Eier dazugeben und mit 6- 8 EL Mineralwasser hineingießen. Alles zu einem dickflüssigen Teig vermischen. Entweder mit einem Mixer auf mittlerer Stufe mixen oder einen Kochlöffel den Teig schlagen, bis dieser Blasen bildet. Den Teig für die Spätzle entweder mit Folie oder einem Geschirrhandtuch abdecken und an einen warmen Ort ruhen lassen, für circa 1 ½ Stunden.
- Die 3 Möhren schälen und waschen, anschließend die 2 Zwiebeln schälen und beides in feine gleichgroße Würfel schneiden. Auf einen Teller mit 2–3 EL Mehl darauf vorbereiten. Eine Pfanne auf den Herd stellen und 2–3 EL Öl heiß werden lassen.
- Die 4 Hüftsteaks kurz mit einem Küchentuch abtupfen. Mit Pfeffer und Salz würzen und die Steaks in dem Mehl von beiden Seiten melieren. Vorsichtig abklopfen, damit überschüssiges Mehl abfallen kann und in die heiße Pfanne legen. Beide Seiten kräftig anbraten und herausnehmen.

- Zwiebel- und Möhrenwürfel in die Pfanne mit dem Bratfett hineingeben. Tomatenmark dazu geben und mit anschwitzen. Das Wasser in die Pfanne gießen und 1 TL Fleischbrühe hineinrühren. Mit Pfeffer und Salz abwürzen. Das angebratene Fleisch mit in die Pfanne, auf das Gemüse legen. Alles zusammen aufkochen lassen. Mit einem Deckel die Pfanne abdecken und in den vorgeheizten Backofen auf mittlere Schiene stellen. Für 1 ¾ Stunde weiter schmoren lassen.

- Die restlichen 3 Zwiebeln schälen und mit einem Hobel oder einen Messer in dünne Scheiben schneiden. Das Bund Petersilie abwaschen, trocken schütteln und hacken. Sie sollte sehr fein sein.

- In einen Topf Wasser gießen und mit viel Salz würzen. Dieses aufkochen lassen. Aus dem geruhten Teig 1/3 herausnehmen und mit einem Spätzlehobel oder Spätzlepresse in das kochende Salzwasser hineinpressen oder hobeln. Ist die gewünschte Länge der Spätzle erreicht, diese mit einem Messer zwischendurch abschneiden. Das Wasser weiter kochen lassen, bis die fertigen Spätzle oben schwimmen. Anschließen die Spätzle abschöpfen, mit kaltem Wasser abschrecken. Es bewirkt, dass der Garprozess beendet wird und in einen Nudelsieb abtropfen lassen.

- Fertige Spätzle an einen warmen Ort stellen, damit sie nicht abkühlen, bis die restlichen Spätzle dazu kommen. Den restlichen Teig in demselben Verfahren verarbeiten.

- In eine 2. Pfanne 2 EL Öl geben und heiß werden lassen. Mit Mehl die fein geschnittenen Zwiebelringe bestäuben. Diese in das heiße Öl geben und kurz anbraten, bis sie goldbraun sind. In einen weiteren Topf 2 EL Butter hineingeben und erhitzen. Die abgetropften Spätzle in die erhitzte Butter geben und mehrfach schwenken. Somit werden sie noch einmal gleichmäßig warm und erhalten eine leichte Butternote. Über die Spätzle, die feingehackte Petersilie streuen.

- Das fertig geschmorte Fleisch aus dem Backofen nehmen, abschmecken und bei Bedarf nachwürzen. Spätzle und das Fleisch auf einen Teller anrichten. Die goldbraunen Zwiebelringe über das Fleisch legen.

Leichter Blumenkohl-Hack-Auflauf

Eiweiß: 6 g

Fett: 9,5 g

Kalorien: 128 kcal

Kohlenhydrate: 3,8 g

Zutaten für 4 Portionen

- 610 g Hackfleisch gemischt
- 1 Blumenkohl mit circa 1,3 kg
- 400 g Möhren
- 2 Zwiebeln
- 1 EL Tomatenmark
- 250 ml Gemüsebrühe
- 200 g Schlagsahne
- 100 g Schafskäse
- 2 EL Mehl
- 2 EL Butter
- 1 Bund Petersilie
- 2 EL Öl
- Pfeffer
- Salz

Dauer: 70 Minuten

Schwierigkeitsgrad: Mittel

- Den Backofen auf 175 °C Umluft vorheizen
- Salzwasser aufkochen.
- Den Blumenkohl vom Struck und Blätter befreien. Braune Stellen abputzen und in Röschen teilen. Mit kaltem Wasser waschen. Die Blumenkohlröschen in das kochende Salzwasser geben und 5 Minuten vorgaren.
- In einer Pfanne 2 EL Öl erhitzen. Das Hackfleisch gemischt gut anbraten, solange bis es eine krümelige Konsistenz hat. Die Möhren schälen und abwaschen. Zwiebeln schälen und beides in kleinwürfelig schneiden. Zwiebeln und Möhren zu dem angebratenen Hack dazu geben und bei schwacher Hitze erwärmen. Das Tomatenmark mit anbraten. Mit 250 ml aufgießen und alles zusammen aufkochen lassen für circa 5 Minuten. Zum Schluss würzen.
- Den vorgegarten Blumenkohl abgießen in einem Sieb. Das Salzwasser, das durch den Blumenkohl den Geschmack aufgenommen hat, in einen Topf auffangen. Das Bund Petersilie waschen, trocken schütteln und in grob hacken. Einen Teil zum späteren Garnieren bei Seite stellen. Butter in einen Topf bis zum Schmelzen erwärmen. 2 EL Mehl dazu geben und alles gut vermischen miteinander und kurz anschwitzen. Unter Rühren 200 g Sahne und Blumenkohlwasser hineingießen.

- Es sollten keine Klumpen entstehen. Kurz aufkochen lassen und für weitere 5 Minuten, bei leichter Hitze köcheln lassen. Einen Teil Petersilie hinzufügen und kurz unterrühren. Die entstandene Soße auch würzen.
- Die Blumenkohlröschen und Gemüse-Hack-Mischung in eine Auflaufform geben. Die Soße darüber gleichmäßig gießen. Es sollte alles bedeckt sein. Den Schafskäse über den Auflauf bröseln und für 20 Minuten backen. Er sollte eine goldbraune Farbe haben. Ist er noch zu blass, gegebenenfalls weiter überbacken.
- Beim Anrichten des fertigen Auflaufs, die bei Seite gestellte Petersilie darüber streuen.

Semmelknödel-Auflauf mit Speck und Champions

Eiweiß: 35 g

Fett: 48 g

Kalorien: 800 kcal

Kohlenhydrate: 40 g

Zutaten für 4 Personen

- 2 Zwiebeln
- 2 EL Butter
- 4 Laugenbrötchen vom Vortag
- 1 Bund Schnittlauch
- 100 ml Milch
- 1 kg Champions (braune)
- 1 EL Paniermehl
- 2 Eier
- 200 g Schinkenwürfel
- 500 g Spitzkohl
- 300 g Crème fraîche
- 60 g geriebener Emmentalerkäse
- 240 ml Weißwein
- 2 EL Öl
- geriebene Muskatnuß
- Pfeffer
- Salz

- Zucker

Dauer: 80 Minuten
Schwierigkeitsgrad: Mittel

- Den Backofen auf 175 °C Umluft vorheizen.
- Die 4 Laugenbrötchen vom Vortag kleinwürfelig schneiden. Die Würfel in eine Schüssel geben. In eine Pfanne 1 EL Butter hineingeben. 1 Zwiebel schälen und in kleine Würfel schneiden. Diese glasig anschwitzen und mit Milch ablöschen. Beides kurz erhitzen und über die Laugenbrötchenwürfel gießen. Das Gemisch für ungefähr 10 Minuten beiseitestellen, damit sich die Würfel mit der Flüssigkeit vollsaugen können. Den Schnittlauch gründlich waschen, abtrocknen und fein schneiden. Für die Dekoration einen Teil zur Seite stellen. Die übrig gebliebene Petersilie und 2 Eier in das Gemisch hineingeben. Alles gut miteinander verkneten, bis es sich formen lässt. Ist der Teig zu weich, mit 1- 2 EL Paniermehl andicken und weiter kräftig durchkneten, bis die gewünschte Konsistenz erreicht ist. Mit Muskatnuß, Pfeffer und Salz abwürzen. Finger mit Wasser kurz anfeuchten und die Masse zu kleinen Knödeln in der Handfläche formen. Die

Masse reicht für ungefähr 14 Knödel. Je nach Größe kann die Menge variieren.

- Einen großen Topf mit Wasser befüllen, Salz hinein und zum Kochen bringen. In das Salzwasser die Knödel hinein geben vorsichtig. Die Hitze von der Herdplatte verringern, sodass die Knödel langsam garen können für ungefähr 10 Minuten. Die Knödel kommen nach oben und sind damit gar. Mit einer Schaumkelle die fertigen Knödel herausnehmen und gut abtropfen. Auf einem Teller zur Seite stellen.

- Die braunen Champions ordentlich säubern, putzen und in 2 gleichgroße Hälften schneiden. Die 500 g Spitzkohl waschen und in feine gleichgroße Streifen schneiden. In einer Pfanne das Öl erhitzen und die Schinkenwürfel kurz darin anbraten. Ungefähr die Hälfte des Schinkens in einer Schüssel zur Seite stellen. Die geschnittenen Pilze mit in die Pfanne geben und zusammen mit den darin befindlichen Schinkenwürfeln kräftig anbraten. 1 Zwiebel schälen und in feine Würfel schneiden. Diese zusammen, mit dem Spitzkohl in die Pfanne geben und kurz mit anbraten. Die 250 ml Weißwein hineingießen und mit Zucker, Pfeffer und Salz je nach Geschmack abwürzen. Alles gut zusammen gut durchrühren. Für 5 Minuten bei geringer Hitze köcheln lassen. Die 300 g Crème fraîche löffelweise einrühren und gegebenenfalls nach Geschmack mit Zucker, Pfeffer und Salz nachwürzen. Alles vorsichtig in eine große Auflaufform gießen und gleichmäßig verteilen. Knödel verteilen und den geriebenen Emmentalerkäse darauf verteilen. Den Auflauf in den vorgeheizten Backofen auf mittlerer Schiene stellen und für ca. 20 Minuten, bis er goldbraun ist, gratinieren.

- Mit den restlichen Schinkenwürfeln und den geschnittenen Schnittlauch den fertigen Auflauf dekorieren.

Pinkel mit Grünkohl

Eiweiß: 11,25 g

Fett: 22,25 g

Kalorien: 300 kcal

Kohlenhydrate: 13,75 g

Zutaten für 4 Personen

- 2 Scheiben Kasseler Kotelett
- 1 kg Grünkohl
- 50 g Schweineschmalz
- 2 große Zwiebeln
- 4 kleine Kochwürste
- 800 g Kartoffeln vorwiegend festkochend
- 200 g Räucherspeck durchwachsen
- 1 Pinkel
- 50 g Zucker
- ¼ Liter Wasser
- 2 EL Öl
- Salz
- schwarzer Pfeffer

Dauer: 140 Minuten

Schwierigkeitsgrad: Mittel

- In einem großen Topf 800 g ungeschälte, vorwiegend festkochende Kartoffeln kochen.
- Den Strunk vom Grünkohl entfernen und in gleichgroße Streifen schneiden. In einem Sieb mehrfach gründlich abspülen und abtropfen lassen. In einem 2. den Grünkohl für 4 Minuten in Wasser köcheln lassen. Den blanchierten Grünkohl abschrecken, damit der Garprozess unterbrochen wird. Den abgetropften Grünkohl klein hacken. Die 2 Zwiebeln abschälen und in feine Würfel schneiden.
- In einen Topf 50 g Schweineschmalz erwärmen und die Zwiebel hineingeben und anbraten. Grünkohlstreifen dazugeben und für 5 Minuten bei schwacher Hitze mit anbraten und umrühren. Grünkohl und Zwiebeln mit ¼ Liter Wasser ablöschen und aufkochen. Den Topf zudecken und für ungefähr 1 ½ Stunden leicht köcheln lassen.
- Der durchwachsene Räucherspeck, wird nach 30 Minuten mit in den Topf gegeben und mit gegart. Kochwürste, Kasseler und Pinkel ebenfalls nach weiteren vergangenen 30 Minuten mit hineinlegen und die restliche Zeit mit köcheln lassen.
- Die bereits leicht abgekühlten gekochten Kartoffeln, von der Schale abpellen und in gleichgroße Stücke schneiden. Währenddessen in einer Pfanne Öl erhitzen. Die geschnittenen Pellkartoffeln in die

Pfanne hineingeben und anbraten, bis sie leicht goldbraun sind.

- Den Zucker über die gebratenen Kartoffeln streuen und weiter braten, bis sie karamellisiert sind. Den geschmorten Speck und das restliche Fleisch herausnehmen und mit Folie abdecken, damit es die Hitze hält und nicht abkühlt. Eine weitere Möglichkeit wäre, es abgedeckt im Backofen bei leichter Hitze zu stellen.
- Den geschmorten Grünkohl noch einmal nach Belieben würzen und anrichten. Die Würste, Pinkel, Kasseler und Speck in eine Schüssel oder auf einer Platte servieren. Die karamellisierten Kartoffeln in einer separaten Schüssel servieren.

Eintopf mit Hackfleisch

Eiweiß: 12 g

Fett: 12 g

Kalorien: 348 kcal

Kohlenhydrate: 41 g

Zutaten für 4 Personen

- 400 g Hackfleisch gemischt
- 1 Zwiebel mittelgroß
- 4 Möhren mittelgroß
- 1 kg Kartoffeln mehligkochend
- 2 Knoblauchzehen
- 1 Dose stückige Tomaten
- 1 EL Tomatenmark
- 1 Stange Lauch
- 500 ml Gemüsebrühe
- 3 Stiele Petersilie
- 2 EL Rapsöl
- 1 TL Zucker
- 1 EL Oregano
- Paprika – edelsüß
- Pfeffer
- Salz

Dauer: 60 Minuten
Schwierigkeitsgrad: Mittel

- Knoblauchzehen und die Zwiebeln schälen. Knoblauch in feine Stücke hacken und die Zwiebeln in feine Würfel schneiden. In einen großen Topf, Öl langsam heiß werden lassen. Die 1 kg Kartoffeln schälen, abwaschen und in gleichgroße Stücke schneiden.
- Das gemischte Hackfleisch so lange durchbraten, bis es sehr krümelig ist. Den gehackten Knoblauch und die Zwiebelwürfel mit hineingeben und unterrühren. 1 EL Tomatenmark hinein und die Kartoffelstücke. Alles gut miteinander vermischen und weiter braten für circa 3 Minuten. Anschließend 500 ml Gemüsebrühe und die stückigen Tomaten hinzufügen. Alles noch einmal kräftig umrühren und mit Oregano abwürzen. Alles zusammen kurz aufkochen lassen. Weiter köcheln lassen für circa 15 Minuten.
- Den Lauch abwaschen und abtrocknen. Möhren schälen, abwaschen und in feine Scheiben schneiden. Den Lauch in genauso große Ringe. Karottenscheiben in den köchelnden Topf nach 15 Minuten mit hineingeben und weiter köcheln lassen für 10 Minuten. Nach weiteren 10 Minuten die

Lauchringe mit hinein und noch einmal 10 Minuten köcheln lassen. Den fertigen Eintopf mit Paprika, Salz und Pfeffer nach Geschmack abwürzen.

- Für die Dekorierung die 3 Petersilienstiele abwaschen und trocken schütteln. Fein hacken und über den Eintopf beim Servieren darauf streuen.

Linsensuppe-Ruckzuck

Eiweiß: 35 g

Fett: 33 g

Kalorien: 660 kcal

Kohlenhydrate: 51 g

Zutaten für 4 Personen

- 300 g rote Linsen
- 2 Möhren
- 1 Zwiebel
- 1 Stange Porree
- 4 Wiener Würstchen
- 3-4 TL instant Gemüsebrühe
- 2 EL Obstessig
- 2 EL Butter
- Pfeffer
- Salz
- Zucker
- ½ Liter Wasser

Dauer: 40 Minuten

Schwierigkeitsgrad: Leicht

- 1 Stange Porree abwaschen und kurz abtropfen lassen. Die 2 Möhren und die 1 Zwiebel abwaschen, schälen und längs in zwei Hälften mit einem Messer teilen und in gleichgroße Scheiben schneiden. Die Zwiebel schneiden in kleine Würfel. Den Porree schneiden in gleichgroße Ringe. In einen Topf 2 EL Butter erwärmen. Porree, Zwiebel und Möhren in den Topf geben und andünsten für ungefähr 5 Minuten.

- Die Linsen zu dem Gemüse hineingeben und mit ½ Liter Wasser ablöschen und aufkochen lassen. Die 3–4 TL instant Gemüsebrühe, je nach Geschmacksstärke in den Topf einrühren. Alles zusammen knapp 10 Minuten schwach kochen lassen. 4 klein geschnittene Wiener Würstchen 5 Minuten mitköcheln lassen. Zum Schluss alles mit 2 EL Obstessig, Pfeffer, Salz und Zucker, je nach Geschmack abwürzen und servieren.

- Wer es mag, Petersilie abwaschen, trocken schütteln und fein hacken. Über die Linsensuppe als Dekoration darüber streuen.

Möhreneintopf

Eiweiß: 2,5 g

Fett: 2,75 g

Kalorien: 46,3 kcal

Kohlenhydrate: 2,5 g

Zutaten für 8 Personen

- 1 Bund Suppengrün
- 1 Hähnchen ca. 1,5 kg
- 1 kg Möhren
- 2 Zwiebeln
- 1 Lorbeerblatt
- 6 Kochwürste
- 750 g Kartoffeln
- 1 Bund Petersilie
- 1 EL Butterschmalz
- Pfeffer
- Salz
- 1 TL Pfefferkörner
- 3 Liter kaltes Wasser

Dauer: 150 Minuten

Schwierigkeitsgrad: Schwierig

- Einen großen Topf auf den Herd stellen. Das Hähnchen kräftig abwaschen und von innen ordentlich ausspülen. Hähnchen hineinlegen, 3 Liter kaltes Wasser hineingießen und aufkochen lassen. Das Suppengrün in der Zeit abwaschen, gegebenenfalls schälen und alles in gleichgroße Stücke schneiden.

- Bevor die weiteren Zutaten mit zum kochenden Hähnchen kommen, wird der entstandene Schaum, mit einer Schöpfkelle abgeschöpft. Das Lorbeerblatt, Suppengrün und die Pfefferkörner mit hineingeben. Für 1 ½ Stunden weiter köcheln lassen, ohne Deckel auf den Topf.

- Während des gesamten Garvorganges des Hähnchens, immer wieder den Schaum abschöpfen.

- 750 g Kartoffeln, 1 Zwiebel und 1 kg Möhren schälen, abwaschen und in gleichgroße Würfel schneiden. In einen Topf 1 EL Butterschmalz erwärmen. Das geschnittene Gemüse hineingeben und leicht anbraten.

- Das gekochte Hähnchen aus dem Topf nehmen und beiseitestellen, für eine andere weitere Verarbeitung. Den entstandenen Hähnchenfond abgießen und mit einem Sieb im Topf mit dem Gemüse auffangen. Alles zusammen aufkochen lassen. Kochwürste in Scheiben schneiden und mit in den Topf hineingeben. Alles zusammen weitere 30 Minuten auf leichter Hitze kochen lassen.

- Das Bund Petersilie abwaschen, trocken schütteln und mit einem Messer sehr fein schneiden. Den Eintopf je nach Geschmackswunsch mit Pfeffer und Salz abwürzen. Zum Schluss wird die fein gehackte Petersilie mit hineingegeben und kurz umgerührt.

Kochwurstchips in Steckrübentopf

Eiweiß: 3,75 g

Fett: 2,75 g

Kalorien: 77,5 kcal

Kohlenhydrate: 9 g

Zutaten für 4 Personen
- 1 kg kleine Steckrüben
- 1 Zwiebel mittelgroß
- 800 g Kartoffeln
- 2 Möhren mittelgroß
- 1 Stange Porree
- 4 Stiele Liebstöckel
- 2 Kochwürste
- 2 EL Gemüsebrühe
- ½ Bund Petersilie
- 1 EL Butterschmalz
- Pfeffer
- Salz
- Öl zum Braten
- 1 ½ bis 1 ¾ Liter Wasser

Dauer: 90 Minuten

Schwierigkeitsgrad: Schwierig

- Kartoffeln, Steckrüben und Möhren von abschälen, abwaschen und alles schneiden in gleichgroße Stücke. Die mittelgroße Zwiebel ebenso schälen und würfeln.
- Butterschmalz erwärmen. Die Kochwürste in kleine Würfel schneiden und darin braten, bis sie schön knusprig sind. Immer wieder dabei wenden und auf einen Teller beiseitestellen.
- Öl in einem Topf heiß werden lassen und die Gemüsewürfel darin anbraten. Zum Ablöschen wird 1 ½ Liter – 1 ¾ Liter kaltes Wasser in den Topf hineingegossen und die 2 EL instant oder gekörnte Gemüsebrühe eingerührt. Der Eintopf sollte leicht sämig sein und deshalb für ungefähr 45 Minuten kochen lassen bei wenig Hitze.
- Die 1 Stange Porree abwaschen, abtropfen und in Ringe schneiden. Diese sollten sehr dünn sein. Petersilie abwaschen, trocken schütteln und mit einem Messer fein schneiden. Liebstöckel und Porreeringe in den Topf, 10 Minuten später mit hineingeben. Mit Pfeffer und Salz den Eintopf abwürzen.
- Die Kochwurstchips auf den Eintopf legen. Die fein gehackte Petersilie, nach dem Anrichten darüber streuen.

Eintopf mit Königsberger Klopse

Eiweiß: 9 g

Fett: 8,5 g

Kalorien: 152,5 kcal

Kohlenhydrate: 9 g

Zutaten für 4 Personen

- 2 Schalotten
- 120 g Schlagsahne
- 1 getrocknetes Brötchen oder vom Vortag
- 500 g vom Kalbshackfleisch
- 3 Sardellenfilets eingelegt
- 1 große Zwiebel
- 2 Eier Größe M
- 400 g Möhren
- 400 g Kartoffeln
- 3 Stiele glatte Petersilie
- 40 g Mehl
- 1 EL Senf
- 2 Gewürznelken
- 2 Lorbeerblätter
- 30 g Kapern
- 4 EL Sonnenblumenöl
- 200 ml Wasser

- 45 g Butter oder Margarine
- Zitronensaft von einer ½ Zitrone
- Pfeffer
- Salz
- 1 TL Zucker
- 3 Liter kaltes Wasser
- 1 TL Fett

Dauer: 50 Minuten
Schwierigkeitsgrad: Mittel

- Eine kleine Schüssel mit lauwarmem Wasser befüllen. Das Brötchen hineinlegen und vollsaugen lassen. Die Sardellenfilets vom Öl abtropfen lassen und in feine Stücke hacken oder schneiden. Schalotten mit einem kleinen Messer schälen klein schneiden. Das vollgesogene Brötchen vorsichtig ausdrücken, bis kaum mehr Wasser herauskommt. Das Hackfleisch vom Kalb mit dem Ei, Brötchen, Senf und den Sardellenfilets vermischen. Würzen und 20 g große Klößchen formen, aus der Masse.
- Auf einen Herd einen breiten Topf stellen und 3 Liter kaltes Wasser hineingießen. 2 TL Salz hineingeben und aufkochen lassen. Zwiebel vor dem Vierteln schälen. Die geviertelte Zwiebel, 2 Lorbeerblätter und 2 Gewürznelken in das kochende Wasser hinein.

Die Klößchen in das siedende Wasser vorsichtig hinzufügen und kurz weiter kochen lassen. Hitze herunternehmen. 10 Minuten weiter köcheln lassen bis sie fertig sind und herausnehmen. Die fertigen Klopse warmhalten und am besten Abdecken, damit sie nicht austrocknen.

- 400 g Möhren schälen, abwaschen und in dünne Scheiben, leicht schräg schneiden. 400 g Kartoffeln schälen, kurz abwaschen und schneiden in gleichgroße Würfel. In einer Pfanne, 2 EL Öl erhitzen. Möhrenscheiben andünsten und die Kartoffelwürfel für 2 Minuten. Immer wieder umrühren. Mit 200 ml Wasser aufgießen und aufkochen lassen. Die Hitze nun verringern bis es nur noch köchelt für 8 Minuten circa. Mit Pfeffer und Salz abwürzen.

- Die glatte Petersilie waschen und hacken.

- 650 ml Wasser aus dem Klopsetopf nehmen. In einem das Fett schmelzen und das Mehl vorsichtig hineingeben und unter Hitze gut miteinander verrühren. Mit den 650 ml Wasser von den Klopsen ablöschen. Weiterhin gut rühren, damit es zu keiner Klümpchenbildung kommt. Mit 100 g Sahne aufgießen und für 5 Minuten weiter kochen lassen. Zum Schluss mit dem Zitronensaft der halben

Zitrone, Zucker, Pfeffer und Salz abwürzen. Hitze komplett wegnehmen, bis es nicht mehr kocht.

- Die Kapern trocken tupfen. In einen kleinen Topf 2 EL Öl geben und stark erhitzen. Für 1 bis 2 Minuten die Kapern hineingeben und frittieren lassen. Im Anschluss müssen sie abtropfen, am besten auf einem Küchenpapier.
- Das Gemüse und die Klopse in die entstandene Soße vorsichtig hineingeben und alles zusammen aufkochen lassen, für eine kurze Zeit. Das 2. Ei mit der restlichen Sahne von ungefähr 20 g gut verquirlen miteinander. Beides in den Topf mit hineingeben. Dies sollte aber schnell erfolgen.
- Die frittierten Kapern und die Petersilie nach dem Anrichten darauf streuen.

Kartoffel-Möhren-Topf mit Fleisch vom Rind

Eiweiß: 19 g

Fett: 19 g

Kalorien: 380 kcal

Kohlenhydrate: 30 g

Zutaten für 4 Personen

- 100 g Speck geräuchert und durchwachsen
- 600 g Rinderbeinscheibe
- 600 g Kartoffeln
- 580 g Möhren
- 4 Stiele glatte Petersilie
- 2 Zwiebeln
- 5 Gewürznelken
- 2 Lorbeerblätter
- 5 Pimentkörner
- Pfeffer
- Salz
- 2 Liter kaltes Wasser

Dauer: 120 Minuten

Schwierigkeitsgrad: Mittel

- In einen großen Topf 2 Liter kaltes Wasser hineingießen und die Gewürze dazugeben. Fleisch gründlich abwaschen und in den Topf geben. Alles zusammen aufkochen lassen. Die Hitze herunternehmen und danach mit dem Deckel auf den Topf für 1 ½ Stunden köcheln lassen. Der entstehende Schaum, mit einer Schaumkelle abschöpfen.
- Speck und Zwiebel in kleine Würfel schneiden. Eine kleine Pfanne heiß werden lassen ohne Öl. Die Speckwürfel hineingeben und solange braten, bis sie schön knusprig sind. Als Nächstes die Zwiebeln mit hineingeben und kurz mit anbraten. Danach die Pfanne beiseitestellen.
- Die 600 g Kartoffeln und 600 g Möhren schälen. Beides in Streifen schneiden, mit einer Dicke von ungefähr 1 cm.
- Die fertige Rinderbeinscheibe aus dem entstandenen Sud herausnehmen. Kartoffeln und Möhren in den Rindersud hineingeben und köcheln lassen für 20 Minuten. Das Rinderfleisch in gleichgroße Würfel schneiden. Mit zu den Kartoffeln und Möhren geben und kurz alles zusammen noch mal aufkochen lassen.
- Die glatte Petersilie abwaschen trocken schütteln und mit einem Messer oder Wiegemesser fein

schneiden. Diese kurz dem Aufkochen mit in den Topf hineingeben und umrühren.

- Den Eintopf anrichten und Speck und Zwiebel darüber streuen.

Gulaschsuppe Szegediner Art

Eiweiß: 38 g

Fett: 14 g

Kalorien: 380 kcal

Kohlenhydrate: 24 g

Zutaten für 4 Personen

- 600 g Schweinegulasch
- 2 Zwiebeln
- 2 EL Tomatenmark
- 600 g Kartoffeln
- 1 Dose Sauerkraut
- 4 EL saure Sahne
- 600 g Kartoffeln
- 2 EL Öl
- Pfeffer
- 2 Wacholderbeeren
- 2 Lorbeerblätter
- 1 TL Kümmel
- 1 TL Rosenpaprika
- 1 TL Edelsüßpaprika
- 1 ½ Liter kaltes Wasser

Dauer: 100 Minuten

Schwierigkeitsgrad: Mittel

- In einem großen Topf das Öl erhitzen. Fleisch gut abwaschen, abtupfen und 600 g Schweinegulasch hineingeben. Wer Schweinegulasch als ganzes Stück kauft, schneidet gleichgroße, mundgerechte Stücke zu. Das Gulasch anbraten und immer wieder wenden. Zwiebel in Streifen schneiden und zum Fleisch hinzugeben. 2 EL Tomatenmark hinein und mit anbraten. Das Zwiebel-Fleisch-Gemisch mit Rosenpaprika, edelsüßen Paprika und Salz kräftig abwürzen. Mit 1 ½ kalten Wasser ablöschen. 1 TL Kümmel, 2 Lorbeerblätter, 2 Wacholderbeeren mit hineingeben und umrühren. Für 1 ¼ Stunden alles zusammen köcheln lassen.
- Kartoffeln schälen, in Würfel schneiden und in die Schüssel mit dem Wasser geben. Sind alle Kartoffeln fertig und in der Schüssel, die Kartoffeln aus dem Wasser nehmen und schneiden. Nach ungefähr 30 Minuten des Garens vom Gulasch, das Sauerkraut und die Kartoffelwürfel mit hingeben und bis zum Ende mitkochen. Alles mit Pfeffer und abwürzen.
- Nachdem anrichten wird die saure Sahne je nach Wunschmenge mit darauf gegeben.

Rosenkohl-Eintopf mit Kasselerstücken

Eiweiß: 9,75 g

Fett: 5,25 g

Kalorien: 110 kcal

Kohlenhydrate: 5,75 g

Zutaten für 4 Personen

- 410 g Steckrüben
- 600 g Rosenkohl
- 600 g am Stück ausgelöste Kasseler Koteletts
- 2 Zwiebeln
- 1 Hokkaido Kürbis, klein
- 80 g Frühstücksspeck
- 1,5 Liter Gemüsebrühe
- 3 EL Öl
- 2 Lorbeerblätter
- 4- 5 Stiele Majoran
- Pfeffer
- Salz

Dauer: 50 Minuten

Schwierigkeitsgrad: Mittel

- 2 Zwiebeln und 400 g Steckrüben schälen. Die Zwiebeln und Steckrüben in kleine Würfel schneiden. Den Rosenkohl von braunen Stellen befreien und waschen. Den Hokkaidokürbis vierteln und von den Kernen befreien. Diesen in grobe Stücke schneiden.

- In einen großen Topf Öl erhitzen. Die 600 g Kasselerkoteletts kurz abwaschen, trocken tupfen und den Speck mundgerechte Stücke schneiden. Kasseler und Speck zusammen scharf unter Wenden gut anbraten. Die Kürbisstücke, Steckrüben und Zwiebeln hineingeben und mit Gemüsebrühe hineingießen. Mit Pfeffer und Salz abwürzen.

- 3 Stiele Majoran, 2 Lorbeerblätter zu dem Gemüse mit hineingeben. Alles gut umrühren und circa 30 Minuten mit Deckel köcheln lassen. 1-2 Stiele Majoran waschen und vorsichtig trocken schütteln oder abtupfen. Die Blätter vom Majoran werden entfernt und grob gehackt oder geschnitten.

- Vor dem Anrichten, den Eintopf noch einmal je nach Geschmack abwürzen, mit Pfeffer und Salz. Nach dem Anrichten mit dem grob gehackten Majoran überstreuen.

„Gipfel des Genusses" Gemüseeintopf

Eiweiß: 32 g

Fett: 16 g

Kalorien: 380 kcal

Kohlenhydrate: 24 g

Zutaten für 4 Personen
- 500 g ausgelöstes Kasselerkotelett
- 3-4 Möhren
- 3-4 Petersilienwurzeln
- 3-4 Pastinaken
- 2 Zwiebeln
- 1 EL Mehl
- 2 EL Tomatenmark
- 2 EL Butter
- 4 EL Semmelbrösel
- ½ Bund Petersilie
- 250 ml trockener Rotwein
- 2 EL Öl
- 1 TL instant Gemüsebrühe
- ½ Bund Schnittlauch
- Pfeffer
- Salz
- 700 ml Wasser

Dauer: 75 Minuten

Schwierigkeitsgrad: Leicht

- Petersilienwurzeln, Möhren und Pastinaken schälen, abwaschen und alles in gleich große Stücke schneiden. Die Zwiebeln schälen und in Würfel schneiden. Den Kasseler kurz grob abtupfen. Geschnitten werden muss es auch in grobe Stücke.
- In einen Bräter Öl erhitzen. Das Wurzelgemüse hineingeben und unter Wenden 3 Minuten anbraten. Das angebratene Gemüse herausnehmen und beiseitestellen. Die Kasselerwürfel in das Bratfett mit hineingeben und gut durchbraten. Die Zwiebelwürfel mit hineingeben und kurz anbraten und dabei umrühren. Alles mit dem Mehl bestreuen. Die 2 EL Tomatenmark hinzufügen und gut untermischen.
- 250 ml trockenen Rotwein und 700 ml Wasser in den Bräter hineingießen. Von der instant Gemüsebrühe 1 TL einrühren. Mit Pfeffer und Salz abwürzen und köcheln lassen für ungefähr 30 Minuten.
- 1 Bund Schnittlauch und 1 Bund Petersilie waschen und gut trocken schütteln oder abtupfen. Die Petersilie fein hacken und den Schnittlauch in kurze Röllchen schneiden.

- In einer Pfanne, 2 EL Butter erwärmen und 4 EL Semmelbrösel hineingeben. Schnittlauchröllchen und gehackte Petersilie mit hinein, verrühren und kurz anbraten.
- Das angebratene Wurzelwerk wieder zum Eintopf mit dazu geben und alles zusammen noch mal köcheln lassen für circa 15 Minuten. Je nach Geschmack noch einmal mit Pfeffer und Salz abwürzen.
- Nach dem Anrichten den Mix aus Semmelbrösel und Kräuter, über den Eintopf streuen.

Wirsingeintopf mit Speck und Birne

Eiweiß: 4g

Fett: 16,5 g

Kalorien: 205 kcal

Kohlenhydrate: 10 g

Zutaten für 4 Personen

- 400 g durchwachsener Räucherspeck
- 2 Zwiebeln
- 600 g Kartoffeln, vorwiegend festkochend
- ½ Wirsingkohl
- 4 kleine Birnen
- 1 EL gehäuft mit Speisestärke
- ½ Bund Oregano
- 3 TL Zitronensaft
- Zucker
- ½ TL Pfefferkörner
- Pfeffer
- Salz
- 1 ½ Liter kaltes Wasser
- Küchengarn

Dauer: 60 Minuten

Schwierigkeitsgrad: Leicht

- In einen großen Topf 1 ½ Liter kaltes Wasser gießen. ½ TL Pfefferkörner, denn Speck und einen ½ TL Salz hineingeben. Alles zusammen aufkochen lassen und die Hitze runternehmen, bis es nur noch köchelt. Für 45 Minuten weiter köcheln lassen zugedeckt.
- 2 Zwiebeln schälen und grob zerschneiden.
- Die Kartoffeln schälen und in Würfel schneiden. Diese nach 25 Minuten Garzeit des Specks mit hineingeben.
- Vom Wirsingkohl ungefähr 600 g Blätter abnehmen. Diese gut waschen und abtropfen lassen. Anschließend den Strunk herausschneiden. Die Wirsingblätter in Stücke schneiden.
- Birne abwaschen und in 4 Teile schneiden. Das Kerngehäuse herausschneiden. Die Schale kann dran gelassen werden. Die Birnen klein schneiden und mit der Zitrone beträufeln. Dies verhindert, dass sie bis zur späteren Verarbeitung braun wird.
- Nach dem Ende der Garzeit, den Oregano und Speck aus dem Sud herausnehmen. Damit der Sud seine sämige Konsistenz erhält, werden 1 EL Speisestärke und etwas kaltes Wasser verrührt miteinander und in den Sud hineingegeben.
- ½ Bund Oregano abwaschen und trocken schütteln. Einen Teil davon in feine Stücke schneiden und für

64

die Garnierung beiseitestellen. Das restliche Bund, mit dem Küchengarn zusammenbinden und in den Sud mit hineingeben.

- Diesen noch einmal ordentlich aufkochen lassen. Die Birnenspalten hineingeben und für 5 Minuten durchziehen lassen.

- Den fertig gegarten Speck klein schneiden und dazu geben. Mit Zucker, Pfeffer und Salz je nach Belieben noch einmal abwürzen.

- Nachdem Anrichten den fein geschnittenen Oregano darüber streuen. Wer es mag etwas Crème fraîche mit darauf geben.

Rouladenauflauf mit Pilzrahm und Tomaten

Eiweiß: 1,75 g

Fett: 3,25 g

Kalorien: 55 kcal

Kohlenhydrate: 4,5 g

Zutaten für 4 Personen

- 125 g Frühstücksspeck in Scheiben
- 500 g kleine Champions
- 4 Zwiebeln
- 500 g stückige Tomaten
- 2 Paprika, rot
- 1 EL Tomatenmark
- 2 EL Öl
- 100 g Schlagsahne
- 6 dünne Rinderrouladen
- 800 g Kartoffeln
- 5 Stiele Petersilie
- 1 EL Mehl
- 500 g grüne Bohnen
- 1 TL Butter
- Pfeffer
- Salz
- 100 ml Wasser

- Edelsüßer Paprika
- Zucker
- Alufolie

Dauer: 150 Minuten
Schwierigkeitsgrad: Mittel

- Backofen auf 175 °C Umluft vorheizen.
- Die 2 Paprikaschoten abwaschen, entkernen und in feine Würfel schneiden. Die geschälten Zwiebeln kleinwürfelig schneiden. 1 EL der Zwiebelwürfel beiseitestellen für die spätere Verarbeitung. Die 500 g Champions ordentlich putzen, abwaschen und abtropfen lassen. Von dem Frühstücksspeck 2 Scheiben herausschneiden und Rest in kleine Würfel schneiden.
- Die Speckscheiben in einer Pfanne anbraten und die Speckwürfel dazu geben. Wenn sie schön knusprig sind zur Seite stellen. In dieselbe Pfanne 2 EL Öl hineingeben und erwärmen. Die abgetropften Champions kräftig anbraten. Durch das kräftige Anbraten wird verhindert, dass sie wässern. Paprika und Zwiebeln kurz mit anbraten. Mit Pfeffer und Salz abwürzen.
- Tomatenmark hineingeben und etwas Mehl. Gut vermischen. Die Schlagsahne und 100 ml Wasser

hineingießen. Die stückigen Tomaten hinein, umrühren und aufkochen lassen. Die Hitze verringern und weiter köcheln lassen für 2 Minuten. Noch einmal mit edelsüßem Paprika, Pfeffer, Zucker und Salz nachwürzen.

- Eine Auflaufform fetten. Mit einem Küchentuch, die Rinderrouladen abtupfen und in die Auflaufform hineinlegen. Jetzt die Soße darauf geben und die Speckwürfel. Danach wieder eine Roulade und Soße. Dies geht so lange weiter, bis die letzte Schicht durch die Roulade ist.

- Die Auflaufform mit der Alufolie ordentlich abdecken. Die Auflaufform für 130 Minuten in den vorgeheizten Backofen, auf mittlerer Schiene stellen. Nach 1 Stunde 45 Minuten, die Folie abnehmen und weiter im Backofen lassen, bis zum Ende der Garzeit.

- 2 Töpfe mit Wasser befüllen und Salz hinein und aufkochen lassen. Die 500 g grünen Bohnen putzen und abwaschen. Die 800 g Kartoffeln schälen und halbieren. Für ungefähr 20 Minuten, die Kartoffeln in das kochende Salzwasser hineingeben. In dem anderen Topf, die grünen Bohnen in das Salzwasser hineingeben für ungefähr 10-12 Minuten. In einem Sieb abgießen und mit kaltem Wasser abschrecken. Dies stoppt den Garprozess.

- 5 Stiele Petersilie fein hacken. In einem Topf Butter erwärmen und die restlichen Zwiebeln kurz andünsten. Die grünen Bohnen mit hineingeben und darin Wenden.
- Die fertigen Kartoffeln abgießen und mit Petersilie bestreuen.
- Den Auflauf aus dem Backofen holen und in Stücke schneiden. Die grünen Bohnen ebenso in einer Schüssel anrichten.

Wurstnudeln

675 kcal

21 g Eiweiß

33 g Fett

42 g Kohlenhydrate

Zutaten für 3 Personen

- 2 EL Butter
- 1 Zwiebel
- 350 g Wurst
- 320 g Fleckerl
- 2 Eier
- Salz, Pfeffer

Dauer: 20 Minuten

Schwierigkeitsgrad: Leicht

- Die Nudeln in gesalzenem Wasser bissfest kochen.
- Währenddessen die klein geschnittenen Zwiebelstücke in Butter glasig werden lassen, die ca. 1 cm großen Wurststücke dazu geben und gut anbraten.
- Die Fleckerl abseihen und zur Wurst geben, die Eier unterschlagen und mit Salz und Pfeffer abschmecken.

Bratkartoffeln mit Hamburger Pannfisch

Eiweiß: 11,5 g

Fett: 8,5 g

Kohlenhydrate: 10,75 g

Kalorien: 170 kcal

Zutaten für 4 Portionen

- 75 g durchwachsener geräucherter Speck
- 1 Zwiebel
- 750 g Kartoffeln vorwiegend festkochend
- 5 EL Mehl
- 100 g Schlagsahne
- 800 g Seelachsfilet
- 1 EL Butter
- 1 EL körniger Senf
- 2 EL mittelscharfer Senf
- ¼ l Milch
- 3-4 EL Öl
- Zucker
- Salz
- Pfeffer

Dauer: 80 Minuten

Schwierigkeitsgrad: Mittel

- In einem großen Topf, 750 g vorwiegend festkochende Kartoffeln hineinlegen und diesen mit kaltem Wasser befüllen, bis die Kartoffeln bedeckt sind. Wasser aufkochen lassen und für 20 Minuten, die Kartoffeln garen lassen, bei abgedecktem Topf. Nach der Garzeit, das Kartoffelwasser abgießen und mit kaltem Wasser abschrecken. Das stoppt den Garprozess. Diese nun zum Abkühlen beiseitestellen.
- In einen Topf 1 EL Butter langsam erhitzen. Zwiebeln schälen und feinwürfelig schneiden. Den geräucherten durchwachsenen Speck ebenfalls in feine Würfel schneiden. In die zerlassene Butter, die Hälfte der Zwiebelwürfel hineingeben und anschwitzen. Haben die Zwiebelwürfel eine glasige Konsistenz, diese mit 1 EL bestäuben, umrühren und weiter hell anschwitzen. Die 100 g Sahne und ¼ l Milch langsam hineingießen und gut umrühren mit einem Schneebesen. Es sollte zu keiner Klümpchenbildung kommen. Alles zusammen kurz aufkochen und danach die Hitze runternehmen, bis es nur noch köchelt. Für 5 Minuten weiter köcheln lassen.
- Den Senf in die Soße mit hineinrühren. Mit Zucker, Salz und Pfeffer abwürzen.

- In einer Pfanne 1–2 EL Öl erhitzen. Die abgekühlten Kartoffeln abschälen und in Scheiben schneiden. Wer es mag, kann auch die Schale dran lassen. Die Speckwürfel und Kartoffelscheiben in das heiße Öl geben. Für 10 bis 15 Minuten unter ständigem Wenden goldbraun braten.

- In einer 2. Pfanne 1–2 EL Öl langsam erhitzen. Die 800 g Schollenfilet abwaschen und mit einem Küchentuch leicht abtropfen. In große Würfel das Schollenfilet schneiden. Auf einen Teller 4 EL Mehl geben und darin die Schollenfiletwürfel wälzen von allen Seiten. In dem erhitzten Öl, die Würfel vom bemehlten Schollenfilet braten, für 3 Minuten, bis sie goldbraun sind auf jeder Seite.

- In die goldbraunen Kartoffeln, die restliche Zwiebel hineingeben und mitbraten. Noch einmal mit Pfeffer und Salz abwürzen.

- Auf einen Teller die goldbraunen Bratkartoffeln, gebratenen Fisch und die helle Soße anrichten.

Sauerbraten Rheinischer Art

Eiweiß: 9,16 g

Fett: 2,5 g

Kohlenhydrate: 8,5 g

Kalorien: 111,66 kcal

Zutaten für 6 Portionen

- 1 Gefrierbeutel für 6 Liter
- 1 Bund Suppengrün
- 2 Zwiebeln mittelgroß
- 2 Gewürznelken
- 2 kg Schmorbraten vom Rind
- 1 Packung von halb und halb Kloßteig
- 60 g Rosinen
- 100 g Pumpernickel
- 2 EL Tomatenmark
- 3-4 Gewürznelken
- 1 TL Pfefferkörner
- 5 Wacholderbeeren
- 1 kg Äpfel
- ½ Bund Petersilie
- 1 Zimtstange
- 200 ml Apfelsaft
- ¼ Rotweinessig

- 1 Liter Rotwein – trockene Sorte
- 4 Pimentkörner
- 2 EL Zucker
- 3 EL Öl
- Pfeffer
- Zucker

Dauer: 210 Minuten
Schwierigkeitsgrad: Eher schwierig

- Suppengrün sowie die Zwiebel putzen, waschen und schälen und in Würfel schneiden. Für die Marinade Wacholderbeeren, Rotweinessig, Rotwein, Pimentkörner und 2–4 Gewürzkörner in einer Schüssel geben und umrühren. Den Schmorbraten abwaschen, mit einem Küchentuch abtupfen und in den Gefrierbeutel hineinlegen. Suppengrün und Zwiebeln mit hineingeben. Die Marinade mit den Gewürzen hineingießen. Diesen fest verschließen, sodass er luftdicht ist. Das Fleisch für 2 Tage im Kühlschrank marinieren lassen.
- Den Backofen auf 175 °C vorheizen. Das marinierte Fleisch aus der Tüte nehmen und die Marinade in eine Schüssel abseihen. Das Gemüse auf einen Teller oder Schüssel beiseitestellen. Den

Rinderschmorbraten mit einem Küchentuch trocken tupfen und salzen.

- In einen großen Bräter, 3 EL Öl erhitzen. Den marinierten Schmorbraten scharf anbraten. Den kurz angebratenen Schmorbraten, aus dem Bräter nehmen und beiseitestellen. Die Zwiebeln und Suppengrün in den Bräter hineingeben und anschwitzen. Mit Pfeffer und Salz nachwürzen. 2 EL Tomatenmark kurz im Bräter mit anbraten. Rinderschmorbraten auf das angebratene Gemüse legen. Mit der aufgefangenen Marinade den Schmorbraten übergießen. Den Bräter abdecken und in den vorgeheizten Backofen auf mittlerer Schiene stellen und 3 Stunden weiter schmoren lassen.

- In einem Topf Apfelsaft, 2 EL Zucker und die Zimtstange hineingeben, verrühren und langsam erwärmen. Äpfel abwaschen, schälen, vierteln und entkernen. Diese in gleich große Würfel schneiden. Diese mit in den Topf hineingeben und gut umrühren. Für 8–10 Minuten zugedeckt köcheln lassen bei mittlerer Hitze. Nach der Garzeit abkühlen lassen und die Zimtstange herausnehmen.

- Einen großen Topf mit Wasser, auf den Herd stellen und Salz hineingeben und zum Kochen bringen. Packung Kloßteig halb und halb nach Packungsangabe einrühren und ca. 8 gleich große

Klöße formen. Die Klöße in das kochende Salzwasser hineingeben und köcheln lassen für 25 Minuten. Das ½ Bund Petersilie abwaschen, abtropfen lassen und klein schneiden.

- Die 100 g Pumpernickel zerbröseln. Die 60 g Rosinen kurz abwaschen in einem Sieb und abtropfen lassen.

- Den Bräter nach 3 Stunden aus dem Backofen herausnehmen und auf dem Herd weiter köcheln lassen. Zerbröselten Pumpernickel und die abgetropften Rosinen in den Bräter mit hineingeben und vorsichtig umrühren. Weiter köcheln lassen, für 10 Minuten. Die entstandene Bratensoße mit Pfeffer und Salz abwürzen. Klöße aus dem siedenden Wasser herausnehmen und in einer Schüssel anrichten.

- Vor dem Anrichten, den Schmorbraten in Scheiben schneiden. Die Soße in eine Sauciere oder auf den Teller geben. Die gehackte Petersilie über die Klöße und Fleisch streuen.

- Je nach Geschmack kann das Apfelkompott mit auf den Teller gegeben werden oder kleine Schüssel.

Schweinerollbraten mit Äpfeln und Rhabarber

Eiweiß: 11,66 g

Fett: 6,33 g

Kohlenhydrate: 4,5 g

Kalorien: 128,33 kcal

Zutaten für 6 Portionen

- 4 Zwiebeln
- 3 Möhren
- 3 Scheiben Weißbrot
- 2 Stangen Staudensellerie
- 4 ungebrühte grobe Bratwürste
- 1,5 kg Schweineschnitzelbraten
- 700 g Rhabarber
- 2 TL Tomatenmark
- 2 EL Honig
- 3 Äpfel
- 1 Vanilleschote
- 1 EL Crème fraîche
- 6 Stiele Salbei
- 2-3 TL Speisestärke
- ½l Gemüsebrühe instant
- 250 ml Rotwein trocken
- 9 EL Öl

- Pfeffer
- Salz
- Küchengarn
- Frischhaltefolie

Dauer: 170 Minuten
Schwierigkeitsgrad: Mittel

- Backofen auf 175 °C Umluft vorheizen.
- In einer Pfanne 2–3 EL Öl erhitzen. 3 Scheiben Weißbrot in gleichgroße Würfel schneiden und goldbraun anbraten. Dabei immer wieder wenden. Mit Pfeffer und Salz abwürzen, wenden, auf einen Teller legen und beiseitestellen.
- 4 Zwiebeln schälen und 3 davon in grobe Stücke schneiden. 3 Möhren schälen und ebenso in grobe Stücke schneiden. Den Sellerie abputzen, schälen und die Stücke schneiden, in Größe der Zwiebeln und Möhren.
- Die Pfanne von dem Weißbrot auswischen und erneut 2–3 EL Öl hineingeben und erhitzen. Aus den 4 ungebrühten Bratwürsten, das sogenannte Brät herausdrücken und in der Pfanne bis zu einer krümeligen Konsistenz durchbraten, herausnehmen und in einer Schüssel beiseitestellen.

- In derselben Pfanne und dem Bratfett, die grob geschnittenen Zwiebelwürfel braten, bis sie glasig sind. Nach dem Braten herausnehmen und zu dem krümeligen Brät hineingeben.
- 6 Stiele Salbei abwaschen und trocken tupfen oder schütteln. Von einem Teil der Salbeistiele die Blätter abzupfen und den Rest für die spätere Dekoration beiseite legen. Die abgezupften Blätter klein haken oder schneiden. Diese ebenso mit in die Schüssel geben zum Brät. Die gebratenen Weißbrotwürfel werden nun noch mit zum Brät gegeben und alles zusammen gut miteinander vermischt. Mit Pfeffer und Salz abwürzen und kräftig verkneten.
- 2 große Stücke Alufolie übereinanderlegen. Das Schweineschnitzel abwaschen, abtupfen und zwischen die Alufolienlagen legen. Mit einem Klopfer das Fleisch etwas flachklopfen. Die Folie entfernen und das Fleisch auf einer Arbeitsfläche mit Pfeffer und Salz bestreuen. Die Masse von Brät, Zwiebeln und Weißbrot, auf der Fläche des Fleisches gleichmäßig verteilen. Diese mit einem Löffel andrücken leicht. Schweineschnitzel von einer flachen Seite aus aufrollen und mit dem Küchengarn umwickeln.
- In einen großen Bräter 2–3 EL Öl heiß werden lassen. Die Schweineschnitzelrolle hineingeben und

80

scharf anbraten, von allen Seiten. Dieses kurz herausnehmen. 1 geschälte Zwiebel in große Stücke schneiden und in den Bräter hineingeben. Möhren und Selleriewürfel ebenso hineingeben und anbraten. Mit Pfeffer und Salz würzen. 2 TL Tomatenmark unterrühren und andünsten weiter.

- ½ Liter Wasser in einen Messbecher füllen und die Gemüsebrühe einrühren.

- Das Gemüse mit den 250 ml trockenen Rotwein und der Gemüsebrühe ablöschen. Alles zusammen aufkochen lassen. Die Schweineschnitzelrolle wieder hineinlegen.

- Den Bräter abdecken und für 1 ½ Stunden in den vorgeheizten Backofen stellen, auf mittlerer Schiene. Die 2 EL auf den Rollbraten streichen, ungefähr 10 Minuten vor dem Garzeitende.

- Rhabarber putzen und abwaschen und in Stücke schneiden. 3 Äpfel waschen, vierteln, entkernen und in Spalten schneiden. In einer Pfanne 2–3 EL Öl erhitzen. Rhabarberstücke und Apfelspalten in dem erwärmten Öl unter Wenden leicht anbraten. Die Vanilleschote aufschneiden, das Mark herauskratzen und in die Pfanne geben. Mit Wasser ablöschen und die aufgeschnittene Vanilleschote hineinlegen. Für 4–5 Minuten weiter köcheln lassen.

- Den Bräter nach der Garzeit aus dem Backofen nehmen und die Schweineschnitzelrolle herausnehmen. Den entstandenen Bratenfond durch ein feines Sieb seihen und in einem Topf auffangen. Diesen noch einmal zum Kochen bringen. 2-3 TL Speisestärke in eine Tasse geben und mit etwas kaltem Wasser verrühren. Die verrührte Speisestärke langsam in den kochenden Fond geben und dabei kräftig rühren, bis dieser eine sämige Konsistenz hat. 1 EL Crème fraîche hinzufügen und alles zusammen aufkochen lassen. Die leicht abgekühlte Schweineschnitzelrolle vorsichtig vom Garn befreien und in Scheiben schneiden.
- Beim restlichen Salbei die Blätter abzupfen und haken.
- Auf einen Teller das Fleisch und die entstandene Soße anrichten und mit dem gehakten Salbei dekorieren.

Spätzle mit Jägerschnitzel

Eiweiß: 13,25 g

Fett: 15,75 g

Kohlenhydrate: 4,5 g

Kalorien: 190 kcal

Zutaten für 4 Portionen

- 100 g Schlagsahne
- 1 Zwiebel
- 50 g Frühstücksspeck gewürfelt
- 300 g Champions
- 300 g Pfifferlinge
- 8 Schnitzel vom Schwein
- 200 g Eierspätzle
- 3 EL Mehl
- 1-2 Eier Größe M
- ½ Bund Petersilie
- 4-5 EL Öl
- 300 ml Gemüsebrühe aus instant
- 1-2 EL Soßenbinder hell
- 80 g Paniermehl
- 1 EL Butter
- Pfeffer
- Salz

Dauer: 45 Minuten

Schwierigkeitsgrad: Mittel

- Pfifferlinge und Champignons putzen und in Scheiben schneiden. 1 Zwiebel schälen und in feine Würfel schneiden.
- In einer Pfanne Öl erhitzen und darin die Speckwürfel auslassen. Ist der Speck knusprig, diesen herausnehmen und beiseitestellen. Die geschnittenen Pfifferlinge und Champions in dem Bratfett braten. 1 EL Butter und die Zwiebelwürfel hineingeben und alles gut miteinander vermischen und für 3–4 Minuten weiter braten. Mit Pfeffer und Salz abwürzen. Mit 100 g Schlagsahne ablöschen.
- In einen Messbecher 300 ml Wasser einfüllen und die Gemüsebrühe einrühren nach Angabe. Die fertige Brühe in die Pfanne gießen. Alles zusammen aufkochen. In die Soße 1–2 hellen Soßenbinder einrühren. Würzen und zur Seite stellen.
- Einen großen Topf mit Wasser befüllen und Salz hineingeben. Diesen zum Kochen bringen. Spätzle hineingeben und nach der Garzeit auf der Packung garen lassen.
- Die 8 Schnitzel abwaschen und mit einem Küchentuch abtupfen. In einen tiefen Teller 1–2 Eier der Größe M aufschlagen. Das Schnitzelfleisch kurz

anklopfen und mit Pfeffer und Salz würzen von beiden Seiten. In einen weiteren Teller 3 EL Mehl und in einen 3. tiefen Teller 80 g Paniermehl hineingeben. In einer Pfanne 3–4 EL Öl langsam erhitzen. Die Schnitzel zuerst in Mehl wälzen beidseitig und dann in Ei und zum Schluss im Paniermehl. Die fertig panierten Schnitzel goldbraun braten. Auf einem Küchentuch das Öl abtropfen lassen.

- ½ Bund Petersilie abwaschen, trocken schütteln oder abtupfen und fein haken oder schneiden.
- Die fertig gegarten Spätzle, in einem Sieb abgießen und kurz abschrecken mit kaltem Wasser. Die fein geschnittene Petersilie mit den Spätzle vermengen.
- Auf einen Teller die Spätzle, Schnitzel und Pilzsoße anrichten.

Klöße mit Rotkohl und Schweinebraten

Eiweiß: 9,83 g

Fett: 7,83 g

Kohlenhydrate: 17,5 g

Kalorien: 185 kcal

Zutaten für 6 Portionen

- 1 kg Rotkohl
- 1,5 kg Kartoffeln vorwiegend mehlig
- 1,5 kg bis 1,75 kg Schweine-Krusten-Braten
- 3 Zwiebeln mittel bis groß
- 4 rotbackige Äpfel säuerlich
- Zitronensaft
- 1 Ei Größe M
- 1 Päckchen Knödelhilfe
- 1 TL und 1 EL Speisestärke
- 375 g Mehl
- 1 EL Gänseschmalz
- 2-3 Stiele Petersilie
- 1 TL Zitronensaft
- 100 ml bis 150 ml Apfelsaft
- 50 ml Weinessig
- 150 ml Rotwein trocken
- 1 TL Wacholderbeeren

- 4 Gewürznelken
- 1 Lorbeerblatt
- Zucker
- Pfeffer
- Salz

Dauer: 150 Minuten
Schwierigkeitsgrad: Mittel

- Den Backofen auf 175 °C vorheizen.
- 3 mittelgroße Zwiebeln schälen und 1 davon in große Stücke schneiden. Auf dem Krustenbraten befindet sich eine dicke Schwarte und diese wird über Kreuz eingeschnitten, mit einem scharfen Messer. Mit Pfeffer und Salz das Fleisch einreiben und etwas einmassieren.
- In einen Bräter, den Schweine-Krusten-Braten hineinlegen. Die großen Zwiebelstücke und 1/4 l Wasser hineingießen. Den Bräter zugedeckt für 60 Minuten in den Ofen stellen.
- In einen großen Topf 1,5 kg Kartoffeln legen und mit Wasser auffüllen, bis sie bedeckt sind. Nach einer Garzeit von ca. 25 Minuten, werden sie abgegossen, gepellt und abgekühlt. Man kann sie aber auch vor dem Kochen schälen und in Stücke schneiden.

- Den Rotkohl fein abputzen und in 4 gleichgroße Teile schneiden. Anschließend vom Strunk befreien und in feine Streifen schneiden oder hobeln. Die 4 säuerlichen Äpfel abwaschen, abtupfen und in 2 Hälften schneiden und in feine Scheiben. Etwas Zitronensaft auf die Apfelhälften spritzen, damit sie nicht braun werden.

- In einem Topf 1 EL Gänseschmalz erhitzen. Die Apfelscheiben von 1 ½ Äpfeln im Gänseschmalz kurz anbraten, herausnehmen zur Seite stellen. 2 schon geschälte Zwiebeln in feine Würfel schneiden und zum Gänseschmalz hineingeben. Nun den gehobelten Rotkohl, 1 TL Wacholderbeeren, 4 Gewürznelken und 1 Lorbeerblatt zu den Zwiebeln hineingeben. Mit 100-150 ml Apfelsaft und 150 ml trockenen Rotwein, in den Topf hineingießen. Mit Salz und 50 ml Weinessig, wird der Rotkohl abgewürzt. Alles zusammen gut verrühren und aufkochen lassen. Die Hitze danach runternehmen und für weitere 50-60 Minuten weiter köcheln lassen, bei zugedecktem Topf.

- Die restlichen Äpfel werden vom Kerngehäuse befreit und in kleine Stücke geschnitten. Diese mit zum köchelnden Rotkohl geben. Die Petersilienstängel klein hacken.

- Nach einer Garzeit von 1 Stunde, beim Bräter den Deckel abnehmen und diesen für eine zusätzliche Stunde, im Backofen weiter schmoren lassen. Den entstandenen Sud im Bräter immer wieder über das Fleisch gießen.

- Nach einer weiteren Garzeit von 30 Minuten, wird ein großer Topf mit Wasser und Salz befüllt und zum Kochen gebracht. Die gepellten Kartoffeln durch eine Kartoffelpresse drücken, in eine Schüssel oder mit einem Handrührgerät zu Muss verarbeiten. Salz, 1 Ei der Größe M, 375 g Mehl und ein Päckchen Knödelhilfe zu den gepressten Kartoffeln dazugeben. Alle Zutaten, müssen kräftig miteinander zu einer Masse verknetet werden. Die Hände mit Mehl bemehlen und aus der Masse Knödel formen. Je nach Größe kann die Anzahl schwanken. Diese in das kochende Salzwasser geben und für 20 Minuten bei mittlerer Hitze köcheln lassen. Die Knödel, die an der Oberfläche schwimmen, können herausgenommen werden.

- Bei dem Rotkohl einen Geschmackstest machen, ob er weich ist. In einer Tasse 1 TL Speisestärke mit etwas Wasser verrühren und in den Rotkohl gießen. Diesen 1 Minute weiter köcheln lassen und mit Zucker, Pfeffer, Salz und Zitrone abwürzen.

- Den Braten nach insgesamt einer zusätzlichen Stunde, aus dem Backofen nehmen. Das geschmorte Fleisch herausnehmen und in einen Messbecher 400 ml Bratenfond durch ein Sieb hineingießen. Sollte die Menge nicht reichen, mit Wasser auffüllen. 1 EL Speisestärke mit etwas Wasser verrühren und mitsamt dem Fond in den Bräter geben und kurz köcheln lassen. Mit Pfeffer und Salz abwürzen. Das Fleisch in Scheiben schneiden.

Falscher Hase

Eiweiß: 9 g

Fett: 9,25 g

Kohlenhydrate: 2,25 g

Kalorien: 130 kcal

Zutaten für 4 Portionen

- 800 g Hackfleisch gemischt
- 1 Brötchen vom Vortag
- 4 Eier Größe M
- 800 g Spitzkohl
- 1 Zwiebel mittelgroß
- 4 EL Schlagsahne
- 1 EL Senf mittelscharf
- 2 EL Butter
- 100 ml Gemüsebrühe
- Pfeffer
- Salz

Dauer: 90 Minuten

Schwierigkeitsgrad: Mittel

- Den Backofen auf 175 °C Umluft vorheizen

- Wasser zum Kochen bringen. In der Zeit, das Brötchen vom Vortag in einer kleinen Schüssel mit lauwarmem Wasser einweichen lassen.

- In das kochende Wasser die 3 Eier der Größe für 10 Minuten hineingeben und weiter kochen lassen. Nach 10 Minuten mit kaltem Wasser abschrecken und abschälen.

- Das eingeweichte Brötchen gut ausdrücken, bis kaum noch Wasser herauskommt und in eine Schüssel legen. Die 800 g gemischtes Hack, 1 Ei, Pfeffer, Salz und 1 EL mittelscharfen Senf zu einer Masse kräftig verkneten. Diese Masse in Bratenform formen. In der Mitte eine tiefe Mulde drücken und die 3 Eier hineinlegen. Dann die Mulde wieder verschließen.

- Den Hackbraten entweder in einer Auflaufform für eine Stunde braten.

- In einen Topf Wasser und Salz zum Kochen bringen. Die 800 g Spitzkohl waschen und in dünne Streifen schneiden. Diesen für 5 Minuten in das kochende Wasser geben. Danach in einem Sieb abgießen und mit kaltem Wasser abschrecken. Somit wird der Garprozess gestoppt. 1 mittelgroße Zwiebel schälen und in kleine Würfel schneiden.

- In einen großen Topf, 2 EL Butter zum Schmelzen bringen und die Zwiebelwürfel anbraten. Mit 100 ml

Gemüsebrühe aufgießen und aufkochen lassen. Die vorgegarten Spitzkohlstreifen hineingeben, umrühren und für 5 Minuten mit abgedecktem Topf weiter kochen lassen. Zum Schluss 4 EL Sahne hineingeben.

- Den Hackbraten nach 1 Stunde aus dem Backofen nehmen mit dem Spitzkohl anrichten.

Quetschkartoffeln mit Kalbsleber und Zwiebeln und Apfel nach Alt Berliner Art

Eiweiß: 9,75 g

Fett: 6g

Kohlenhydrate: 16,25 g

Kalorien: 165 kcal

Zutaten für 4 Portionen

- 4 Zwiebeln
- 2 Äpfel
- 1 kg Kartoffeln
- 4 Scheiben Kalbsleber
- 7-8 EL Butter
- 6 EL Mehl
- 200 ml bis 250 ml Milch
- 1-2 Stängel Petersilie
- Pfeffer
- Salz
- geriebene Muskatnuß

Dauer: 45 Minuten

Schwierigkeitsgrad: Leicht

- Die geschälten Kartoffeln in Salzwasser weichkochen.
- Zwiebeln schälen und in feine Ringe schneiden. Die 4 Scheiben Kalbsleber gründlich abwaschen und mit einem Küchentuch abtupfen. 2 EL Butter erhitzen. Mehl in einen tiefen Teller geben und darin zuerst die Zwiebelringe bemehlen und danach die Leberscheiben. Die Leber von beiden Seiten 3 Minuten braten und erst danach würzen. Die Pfanne abdecken und sie warm stellen.
- In einer 2. Pfanne 2 EL Butter erneut langsam schmelzen lassen. Die 2 Äpfel abwaschen, abtrocknen mit einem Küchentuch, in 4 Teile schneiden, Kerngehäuse entfernen und zum Schluss in Spalten schneiden. Die Apfelspalten und die Zwiebelringe hineingeben und für 4 Minuten unter Wenden durchbraten.
- Die 1–2 Stängel Petersilie abwaschen, trocken schütteln und haken.
- 3 EL Butter und 200 ml bis 250 ml in einen kleinen Topf erhitzen. Die fertig gegarten Kartoffeln abgießen und kurz auf die noch heiße Kochplatte stellen. So kann das restliche Wasser darin verdampfen. Die erwärmte Butter-Milchmischung zu den Kartoffeln hineingießen. Mit einem Kartoffelstampfer, die Kartoffeln zerstampfen und

mit der Butter-Milchmischung gut verrühren. Mit Muskat und Salz, je nach Geschmack abwürzen.

- Zum Schluss die Leber, Apfelspalten mit Zwiebeln und Quetschkartoffel, auf einen Teller anrichten. Mit der gehakten Petersilie überstreuen.

Himmel und Erde

Eiweiß: 3,75 g
Fett: 8,75 g
Kohlenhydrate: 15 g
Kalorien: 155 kcal

Zutaten für 4 Portionen

- 4 Äpfel
- 1 kg Kartoffeln
- 1 Zwiebel
- 250 g Blutwurst
- 50 g Butter
- 300 ml Milch
- 100 ml Apfelsaft
- 2 EL Zucker
- 1 EL Sonnenblumenöl
- Majoran getrocknet
- Salz

Dauer: 40 Minuten
Schwierigkeitsgrad: Mittel

- Einen großen Topf mit Wasser befüllen und Salz hineingeben und aufkochen lassen. Die 1 kg

Kartoffeln schälen und in das kochende Salzwasser hineingeben für 25 Minuten. Die 4 Äpfel abwaschen, abschälen, in vier Teile schneiden, das Kerngehäuse herausschneiden und in grobe Würfel schneiden. In einen Topf etwas Butter oder hineingeben und erhitzen. Zucker hinein und diesen flüssig werden lassen. Nun die 100 ml Apfelsaft hineingießen. Die groben Apfelwürfel, in den Apfelsaft-Zucker Fond hineingeben, kurz aufkochen lassen und für 25 Minuten köcheln lassen.

- In einem kleinen Topf, Butter und 300 ml Milch erhitzen. Zwiebel schälen und in Ringe schneiden. Die gegarten Kartoffeln abgießen und auf die noch heiße Herdplatte stellen. Somit kann das restliche Wasser verdampfen. Die Butter-Milchmischung in den Topf zu den Kartoffeln hineingießen und mit einem Kartoffelstampfer oder Handrührgerät zu Kartoffelmus verrühren. Mit Salz abschmecken.

- In einer beschichteten Pfanne das Sonnenblumenöl erhitzen. Die 250 g Blutwurst in ca. 8 Scheiben schneiden und die Haut vorsichtig abtrennen. Die Blutwurst in die heiße Pfanne hineingeben und jede Seite ½ Minute anbraten. Warm stellen.

- Die Zwiebelringe 4 Minuten in demselben Bratfett braten.

- Die zerkochten Apfelstücke, die Zwiebelringe, den Kartoffelmus und die Blutwurst, auf einen Teller anrichten und mit Majoran dekorieren.

Kartoffel-Radieschen-Salat mit Scholle nach Finkenwerder Art

Eiweiß: 17 g

Fett: 12,5 g

Kohlenhydrate: 14 g

Kalorien: 237,50 kcal

Zutaten für 4 Portionen

- 3 Zwiebeln mittelgroß
- 1 kg Kartoffeln
- 1 Bund Radieschen
- 125 g geräucherter Speck durchwachsen
- 8 kleine Schollen, küchenfertig
- 150 g Nordseekrabbenfleisch
- 60 g – 80 g Butterschmalz
- 100 g Mehl
- 200 g Vollmilch-Joghurt cremig
- 50 g Salatmayonnaise
- 3- 4 Stiele Dill
- 200 ml klare Brühe
- 6 EL Zitronensaft
- 4 EL Weißweinessig
- Zitrone
- Salz

Dauer: 100 Minuten

Schwierigkeitsgrad: Leicht

- Backofen auf 100 °C vorheizen.
- Kartoffeln in Salzwasser weichkochen und nach dem Abkühlen schälen.
- Die Radieschen vom grün befreien, abwaschen und abtropfen lassen.
- 3 mittelgroße Zwiebeln schälen und kleinwürfelig schneiden.
- Für die Marinade, in einen kleinen Topf 200 ml klare Brühe hineingeben und 1/3 der gewürfelten Zwiebeln. 2 EL Zitronensaft und 1 gestrichenen TL Salz mit hinzufügen. Alles aufkochen lassen.
- Die heiße Marinade über die Kartoffeln gießen und untermischen. Der Salat benötigt ca. 30 Minuten zum Durchziehen.
- Die abgetropften Radieschen in Scheiben schneiden und zu den Kartoffeln dazu geben.
- In einer kleinen Schüssel oder Tasse, 200 g cremigen Vollmilch-Joghurt und 50 g Salatmayonnaise miteinander verrühren und mit Pfeffer und Salz abwürzen. Dieses über den Salat gleichmäßig verteilen und alles zusammen gut vermengen. Den fertigen Salat 30 Minuten zum Durchziehen stehen lassen.

- 3- 4 Stiele Dill abwaschen, trocken schütteln und bis auf 1 Stiel für die Dekoration, klein schneiden oder haken.
- In eine große Pfannen 15 g – 20 g Butterschmalz hineingeben und langsam erhitzen. Die 125 g durchwachsenen Speck in Würfel schneiden. Die 8 küchenfertigen Schollenfilets abwaschen, mit einem Küchentuch abtupfen und mit Zitrone beträufeln. Mit Pfeffer und Salz abwürzen. In einen tiefen Teller 100 g Mehl geben und die Schollenfilets darin wenden und Mehl abklopfen, das überschüssig ist. In der Pfanne werden sie mit der Haut nach unten im Butterschmalz knusprig gebraten. Anschließend die Filets wenden und genauso braun braten. Die schon fertigen gebratenen Schollenfilets, in eine Auflaufform oder ausgelegtes Backblech mit Backpapier legen. Im Backofen warmhalten.
- Die Speckwürfel in einer Pfanne knusprig braten. Die restlichen Zwiebelwürfel mit hineingeben und braten. Die 150 g Nordseekrabbenfleisch kurz anbraten in der Zwiebel-Speck Mischung.
- Den abgekühlten und durchgezogenen Kartoffelsalat, je nach Wunsch noch einmal mit Pfeffer und Salz abschmecken.

- Auf einen Teller, den Kartoffelsalat, Schollenfilet und Zwiebel-Speck-Krabbenfleisch Mischung anrichten und mit dem restlichen Dill dekorieren.

Labskaus

Eiweiß: 14 g

Fett: 7,5 g

Kohlenhydrate: 8,75 g

Kalorien: 175 kcal

Zutaten für 4 Portionen
- 4 Eier Größe M
- 4 Rollmöpse
- 2 Dosen Corned Beef
- 2 Zwiebeln
- 1 kleines Glas Gewürzgurken
- 1 kleines Glas Rote Bete
- 800 g Kartoffeln
- 3 EL Margarine oder Butter
- gemahlener Piment
- Pfeffer
- Salz

Dauer: 40 Minuten

Schwierigkeitsgrad: Mittel

- Kartoffeln in Salzwasser weichkochen.
- Von den Gewürzgurken und der roten Bete, den Saft abgießen und auffangen. Gewürzgurken, Zwiebeln und rote Bete kleinwürfelig schneiden und in Schüsseln geben.
- In einer Pfanne 2 EL Margarine oder Butter erhitzen und die Zwiebelwürfel darin anbraten. Das grob geschnittene Corned Beef für 2 Minuten mitbraten. Beides kräftig mit Piment, Pfeffer und Salz abwürzen.
- Die fertigen Kartoffeln abgießen und mit einem Kartoffelstampfer oder Handrührgerät zu Mus zerstampfen oder verrühren. Die gebratene Zwiebel Corned Beef Mischung mit hineingeben und mit jeweils 3–4 EL von dem Gurken- und Rote Bete Saft vermengen.
- In einer Pfanne, 1 EL Margarine oder Butter erhitzen und die 4 Eier zu Spiegeleiern braten. Zum Schluss die 4 Rollmöpse halbieren.
- Auf einen Teller das Labskaus, Gewürzgurkenwürfel, Rote Bete Würfel, Spiegelei und Rollmops anrichten.

Bratkartoffeln mit eingelegten Bratheringen

Eiweiß: 5,5 g

Fett: 7,3 g

Kohlenhydrate: 6g

Kalorien: 1120 kcal

Zutaten für 6 Portionen

- 12 grüne Heringe küchenfertig
- 5 Zwiebeln
- 3 Lorbeerblätter
- 1,5 kg Kartoffeln vorwiegend festkochend
- 150 g Mehl
- 50 g Butterschmalz
- 1/2 l Weißweinessig mild
- 1/2 l Wasser
- 100 ml Öl
- 4 EL Zucker
- 1 EL schwarze Pfefferkörner
- 2 EL Senfkörner
- getrockneten Dill
- Salz
- Pfeffer

Dauer: 110 Minuten

Schwierigkeitsgrad: Mittel

- Für das Einlegen der 12 grünen Heringe, 4 Zwiebel schälen und in Ringe schneiden. In einen Topf 1/2 l milden Weißweinessig, 1/2 l Wasser, 1 EL schwarze Pfefferkörner, 2 EL Senfkörner, 3 Lorbeerblätter, 4 EL Zucker und Salz hineingeben und aufkochen lassen alles zusammen und für 5 weitere Minuten köcheln lassen. Für 2–3 Minuten die Zwiebelringe mit hineingeben und mitkochen. Den Sud danach zum Abkühlen beiseitestellen. Die 12 grünen küchenfertigen Heringe gut abwaschen und abtropfen oder mit einem Küchentuch abtupfen. Öl erhitzen. Die Heringe mit Pfeffer und Salz würzen. Auf einen tiefen Teller 150 g Mehl geben und die Heringe darin bemehlen, von beiden Seiten. Nun werden sie in das erhitzte Öl gelegt und von beiden Seiten goldbraun angebraten. Diese in eine Schale legen, zum Abkühlen. Die abgekühlten Heringe mit dem abgekühlten Sud übergießen und die Schale abgedeckt für mindestens 24 Stunden in den Kühlschrank zum Marinieren stellen.
- In einen Topf 1,5 kg vorwiegend festkochende Kartoffeln hineingeben und mit Wasser auffüllen, bis sie bedeckt sind. Für 20 Minuten kochen lassen.

Nach der Garzeit, das Wasser abgießen, mit kaltem Wasser abschrecken und die Schale abpellen. Die fertig gegarten Kartoffeln zum Abkühlen beiseitestellen.

- 1 Zwiebel schälen und in Würfel schneiden. Die abgekühlten Pellkartoffeln in Scheiben schneiden. In einer Pfanne, 50 g Butterschmalz zum Schmelzen bringen. Die Kartoffelscheiben hineingeben und darin mehrfach wenden und braten. Die Zwiebelwürfel hineingeben und mitbraten lassen. Alles zusammen mit Pfeffer und Salz abwürzen.
- Auf einen Teller die Bratkartoffeln und den eingelegten Hering anrichten. Mit dem getrockneten Dill dekorieren.

Hühnerfrikassee nach klassischer Art

Eiweiß: 8,75 g

Fett: 11 g

Kohlenhydrate: 2,5 g

Kalorien: 147,5 kcal

Zutaten für 4 Portionen

- 500 g weißer Spargel
- 300 g Möhren
- 300 g Champions
- 40 g Mehl
- 100 g Schlagsahne
- 3 EL Butter
- 1 TL Pfefferkörner
- 2- 3 EL Zitronensaft
- 1 Stange Porree klein
- 1 Suppenhuhn
- 1 Bund Suppengrün
- 1 Lorbeerblätter
- 3 Gewürznelken
- 150 ml Weißwein trocken
- Muskat
- Pfeffer
- Salz

Dauer: 150 Minuten
Schwierigkeitsgrad: Mittel

- Das Suppenhuhn von innen und außen gut abwaschen. Einen großen Topf für ca. 7 Liter auf den Herd stellen und das Huhn hineinlegen. 3 Liter kaltes Wasser in den Topf gießen. Das Huhn sollte komplett bedeckt sein. Für 1 ½ Stunden köcheln lassen und den Schaum bei Bedarf abschöpfen mit einer Schaumkelle.
- Suppengrün putzen und schneiden. Nach ungefähr 45 Minuten 1 ½ TL Salz, 3 Gewürznelken, 1 TL schwarze Pfefferkörner und 1 Lorbeerblatt in den Topf mit hineingeben und bis zum Garende weiter köcheln lassen.
- 500 g weißen Spargel schälen, in grobe Stücke schneiden und dabei die holzigen Enden mit abtrennen. Die 300 g Möhren schälen, mit der Länge in 2 Hälften zerteilen und gleichgroße Scheiben schneiden. Champions säubern, abwaschen und halbieren. Die kleine Stange Porree abwaschen und in Ringe schneiden.
- Nach 1 ½ Stunden Garzeit beim Huhn herausnehmen und schauen, ob sich die Haut leicht ablösen lässt. Von dem Fond ca. 800 ml abseihen und in einem anderen Topf aufkochen lassen.

- Fleisch und Haut in kleine Stücke ablösen und auf einen Teller weiter abkühlen lassen. Möhrenstücke, Spargel in den Fond hineingeben und 8 Minuten kochen lassen. Danach die Pilze und Porree hineingeben und 2 Minuten mitkochen lassen. Anschließend die Brühe auch abseihen und das Gemüse zur Seite stellen.

- In einen großen Topf, 3 EL Butter erhitzen. Die 40 g Mehl hineinstreuen, gut vermengen und hell andünsten. In die Mehlschwitze 150 ml trockenen Weißwein hineingießen und kräftig umrühren, damit sich keine Klümpchen bilden. Aufgefangene Brühe mit hineingießen und 5 Minuten köcheln lassen. Währenddessen immer wieder rühren. Mit 2–3 EL Zitronensaft, Muskat, Pfeffer und Salz abwürzen. Gemüse und Fleisch hineingeben, kurz aufkochen lassen und gegebenenfalls mit 100 g Schlagsahne verfeinern.

Apfelsauerkraut und Nürnberger Würstchen

Eiweiß: 4,75 g

Fett: 8 g

Kohlenhydrate: 11,75 g

Kalorien: 142,5 kcal

Zutaten für 4 Portionen

- Küchenpapier
- 1 Dose Sauerkraut
- 5 Zwiebeln
- 2 Äpfel
- 16 Nürnberger Rostbratwürste
- 1 kg Kartoffeln
- 3 EL Butterschmalz
- 3 EL Mehl
- 2 EL Butter
- 100 ml Apfelsaft
- 200 ml Milch
- 1 TL edelsüßer Paprika
- Muskat
- Zucker
- Pfeffer
- Salz

Dauer: 60 Minuten

Schwierigkeitsgrad: Mittel

- Kartoffel in gesalzenem Wasser kochen. Für 20 Minuten garen lassen. 5 Zwiebeln schälen. 4 Zwiebeln in Ringe und 1 Zwiebel in dünne Streifen schneiden. In einen tiefen Teller 2 EL Mehl und 1 TL edelsüßen Paprika geben und vermischen. Die Zwiebelringe hineingeben und von allen Seiten melieren damit.
- In einen Topf 2 EL Butterschmalz erhitzen. Die melierten Zwiebelringe hineingeben und goldbraun braten. Danach herausnehmen und auf einem Küchentuch abtropfen lassen.
- In demselben Topf noch einmal 1 TL Butterschmalz langsam erhitzen. 2 Äpfel abwaschen, entkernen und in dünne Scheiben schneiden. Die Zwiebelstreifen und Apfelspalten in dem Butterschmalz anbraten. Das Sauerkraut hineingeben und ebenso mitbraten. Die 100 ml Apfelsaft hineingießen und alles gut verrühren. Mit 1 Prise Zucker, Salz und Pfeffer abwürzen. Geschlossen für 20 Minuten weiter kochen lassen.
- In einer Pfanne, 1 EL Butterschmalz erhitzen und die 16 Rostbratwürste braten von allen Seiten.

- Die Kartoffeln abgießen und noch einmal auf die heiße Herdplatte stellen. So kann das restliche Wasser verdampfen. 1 EL Butter und 200 ml Milch hineingießen und mit einem Kartoffelstampfer zerstampfen. Mit Muskat und Salz abwürzen.
- Auf einen Teller Kartoffelmus, Sauerkraut und Rostbratwurst anrichten.

Heringssalat nach Bremer Art

Eiweiß: 2,55 g

Fett: 2,88 g

Kohlenhydrate: 1,55 g

Kalorien: 43,33 kcal

Zutaten für 9 Portionen

- 1 Glas rote Bete
- 4- 6 Eier Größe M
- 5 mittelgroße Zwiebeln
- 2 süße Äpfel
- 1 Lorbeerblatt
- 1 mittelgroße Möhre
- ¼ l heißes Wasser
- 500-600 g magerer Kalbsbraten
- 500 g Matjesfilet
- 20 g Butterschmalz
- 150 g Preiselbeeren im eigenen Saft
- 300 g saure Sahne
- 100 g Gewürzgurken
- 2 EL Kapern
- 6 EL Öl
- 1-2 TL Senf
- 1-2 TL Zucker

- Pfeffer
- Salz

Dauer: 150 Minuten
Schwierigkeitsgrad: Mittel

- Den Backofen auf 150 °C Umluft vorheizen.
- 1 Zwiebel und eine mittelgroße Möhre schälen und in große Stücke schneiden.
- In einem Bräter den Kalbsbraten in Butterschmalz anbraten. Grobe Zwiebel- und Möhrenstücke mit hineingeben und kurz mit anbraten. Mit Pfeffer und Salz den Kalbsbraten würzen. ¼ l Wasser hineingießen. 1 Lorbeerblatt hineingeben für 90 Minuten im Backofen schmoren lassen. Danach noch mit offenem Decken 1 ¼ Stunden weiter schmoren lassen.
- In einen Topf Wasser zum Kochen bringen und für 10 Minuten 4–6 Eier hart kochen lassen. Nach der Garzeit die Eier mit kaltem Wasser abspülen und zum Abkühlen beiseitestellen.
- Nach der Garzeit des Kalbsbratens diesen auf eine Platte oder Teller legen und abkühlen lassen.
- Die rote Bete und die Gewürzgurken in gleichgroße Würfel schneiden. Die Äpfel entkernen und wie die rote Bete und Gurken würfeln.

- Die Matjesfilets und den abgekühlten Kalbsbraten in Stücke schneiden. Alles zusammen in eine große Schüssel geben.
- Die Eier von der Schale abschälen und halbieren. Das harte Eigelb in einer separaten Schüssel aufbewahren. Alle Eierhälften klein schneiden. 1/3 für Dekoration aufheben, alles andere in die Schüssel geben.
- Klein geschnittene Zwiebel in eine Schüssel geben. Öl, Kapern, Eigelbe, saure Sahne, Preiselbeeren und 1- 2 TL Senf gut miteinander verrühren. Mit Zucker, Pfeffer, Salz und etwas Gurken- oder rote Bete Saft abwürzen. Das Dressing über die restlichen Zutaten gleichmäßig verteilen und gut miteinander verrühren.
- Für mindestens 2 Stunden den Salat kühl stellen und vor dem Anrichten noch einmal abwürzen.
- Salat anrichten und mit den Eierwürfeln dekorieren.

Graupensuppe herzhaft

Eiweiß: 3g

Fett: 1,83 g

Kohlenhydrate: 7,83 g

Kalorien: 61,66 kcal

Zutaten für 6 Portionen

- 1 Packung Perlgraupen
- 1 Sellerieknolle
- 5 große Möhren
- 3- 4 Lorbeerblätter
- 1 Rinderbeinscheibe
- 2 Zwiebeln
- 2 Stangen Porree
- 1 Schinkenknochen
- 6- 8 Wacholderbeeren
- 2 Petersilienwurzeln
- 1 Bund Petersilie
- 600 g Kartoffeln
- 1 EL Pfefferkörner
- 1 EL ganzer Kümmel
- Pfeffer
- Salz

Dauer: 150 Minuten

Schwierigkeitsgrad: Leicht

- In einem Topf 1 Schinkenknochen und 1 Rinderbeinscheibe hineinlegen. 2 Möhren schälen, in 4 Hälften schneiden und mit in den Topf geben. Zwiebel, 1/2 Sellerie, 1 Stange Porree und Petersilienwurzel in grobe Stücke schneiden. Alles zusammen in den Topf hineingeben und die Gewürze in den Topf geben. 3 Liter Wasser hineingießen und aufkochen lassen. Für 1 ¾ Stunde köcheln lassen und immer wieder den Schaum abschöpfen.
- 3 Möhren und die zweite Stange Porree putzen und in dünne Scheiben schneiden. Kartoffeln und die restliche Sellerieknolle schälen und kleinwürfelig schneiden.
- Nach der Garzeit die Rinderbeinscheibe und Schinkenknochen herausnehmen. Die Brühe, durch ein Sieb oder Tuch abgießen und mit einem anderen Topf auffangen. Die Brühe noch einmal aufkochen und die Packung Graupen hineingeben und köcheln lassen für 15 Minuten.
- Das geschnittene Gemüse und die Kartoffeln mit zu den Graupen hineingeben und zugedeckt weiter garen lassen, für 15 Minuten.

119

- Petersilie hacken. Das Fleisch vom Schinkenknochen und Rinderbeinscheibe ablösen und kleinwürfelig schneiden. Die Fleischwürfel in die Suppe zurückgeben und aufkochen. Mit Pfeffer und Salz abwürzen und anrichten.

„Schneller Teller" Schupfnudelpfanne

Eiweiß: 48 g

Fett: 12 g

Kohlenhydrate: 22 g

Kalorien: 400 kcal

Zutaten für 4 Portionen

- 3 EL Doppelrahmfrischkäse
- 2 TL instant Gemüsebrühe
- 2 EL Öl
- 1/2 l Wasser
- 600 g Putenbrust
- 300 g Erbsen aus dem TK
- 1 Packung frische Schupfnudeln
- 4 Stiele Minze
- Pfeffer
- Salz

Dauer: 25 Minuten

Schwierigkeitsgrad: Leicht

- In eine große Pfanne 2 EL Öl hineingeben und erhitzen. Die 600 g Putenbrust, kurz abwaschen, mit einem Küchentuch abtupfen und in das Öl geben.

Von allen Seiten gut braten für 5 Minuten. Danach wieder herausnehmen und mit Pfeffer und Salz abwürzen. Die fertig gebratene Pute in kleine Würfel schneiden.

- Die 4 Stiele Minze abwaschen, trocken tupfen, die Blättchen abzupfen und klein zerschneiden.

- In die gleiche Pfanne, die Schupfnudeln hineingeben und 3–5 Minuten goldbraun braten. Aus der Pfanne herausnehmen und beiseitestellen.

- In dieselbe Pfanne 1/2 l Wasser gießen und aufkochen lassen. 3 EL Doppelrahmfrischkäse und die 2 EL instant Brühe einrühren. Die 300 g Erbsen aus dem TK in die Soße hineingeben und weiter köcheln lassen für 3 Minuten.

- Die Schupfnudeln und die Putenbrustwürfel noch einmal in die Soße hineingeben und gut umrühren. Kurz aufkochen lassen. Mit Pfeffer und Salz abwürzen und die Minze kurz hineingeben.

- Die Schupfnudelpfanne auf einen Teller anrichten.

Gefüllte Paprika mit Kapern

Fett: 22 g

Ballaststoffe: 4,5 g

Kohlenhydrate: 28 g

Protein: 63 g

Kalorien: 579 kcal

Zutaten für 4 Portionen

- 4 rote Paprikaschoten
- 40 g grüne Oliven
- 40 g Kapern
- 1 getrocknetes Dinkelbrötchen
- 2 Knoblauchzehen
- 2 Sardellenfilets
- 3 Zwiebeln
- 2 EL Olivenöl
- 250 g mageres Rindfleisch
- 300 g Kalbshack
- 1 Ei
- 150 g körniger Frischkäse mit 13 % Fett
- 2 Lorbeerblätter
- 375 ml Geflügelbrühe
- 1 TL edelsüßen Paprikapulver
- Pfeffer

- Salz

Dauer: 70 Minuten
Schwierigkeitsgrad: Mittel

- Den Backofen auf 180 °C vorheizen.
- Das Dinkelbrötchen in lauwarmem Wasser einweichen.
- Den roten Paprika mit einem Messer oberhalb von ca. 2 bis 3 cm aufschneiden. Der Stiel sollte dranbleiben und dient später als Deckel. Nun die Trennhäute und Kerne entfernen aus dem Paprika und die Schoten kräftig auswaschen.
- Sardellen, Kapern, Knoblauch, Zwiebel und Oliven sehr fein hacken.
- Zwiebel und Knoblauch glasig anbraten und die Pfanne abkühlen lassen.
- Den Thymian kurz waschen und gut abtrocknen lassen. Die feinen Blätter vom Stiel vorsichtig abstreichen und sehr fein hacken.
- Das mit Wasser vollgesaugte Dinkelbrötchen kurz ausdrücken. Mit Hackfleisch, Oliven, Kapern und Sardellen, Frischkäse, Zwiebeln, Knoblauch und Ei zu einer Masse vermengen. Mit Pfeffer, Paprikapulver und Salz je nach Geschmack nachwürzen.

- Die abgetropften Paprikaschoten, werden nun mit der Masse befüllt. Diese sollte bis zur Öffnung abschließen. Die Deckel der Paprika draufsetzen und in einer Auflaufform, möglichst eng aneinanderstellen.
- Den Lorbeer hineinlegen und die 375 ml Geflügelbrühe vorsichtig in die Auflaufform hineingießen.
- Im Backofen werden sie auf der untersten Schiene für 50-60 Minuten weiter gegart.

Pommes Frites mit Currywurst

Eiweiß: 5,25 g

Fett: 8,5 g

Kohlenhydrate: 12,75 g

Kalorien: 152,5 kcal

Zutaten für 4 Portionen

- 2 Zwiebeln
- 4 Bratwürste, ungebrüht und fein
- 1 Dose Tomaten stückig
- 600 g Pommes Frites – für den Backofen
- 100 ml Apfelsaft
- 2 EL Apfelessig
- 2 EL Tomatenmark
- 3 EL Tomatenketchup
- 4 EL Öl
- 1 TL Zucker
- 3 TL Currypulver
- Pfeffer
- Salz

Dauer: 40 Minuten

Schwierigkeitsgrad: Mittel

- Die Pommes zubereiten.
- Klein geschnittene Zwiebel anbraten und mit 2 TL Curry bestreuen. 2 EL Tomatenmark dazugeben und anbraten lassen. Die stückigen Tomaten, 3 EL Tomatenketchup, 2 EL Apfelessig und 100 ml Apfelsaft ebenfalls dazu geben und alles gut verrühren. Mit einem Pfannenwender die stückigen Tomaten etwas klein zerdrücken. Kurz aufkochen alles zusammen und weiter köcheln lassen für 10 Minuten. Mit Zucker, Salz und Pfeffer abwürzen.
- Die 4 ungebrühten Bratwürste in einer Pfanne 5–7 Minuten ringsherum durchbraten. Die fertigen Bratwürste herausnehmen und in grobe Stücke schneiden.
- Die fertigen Pommes aus dem Backofen nehmen und in einer Schüssel salzen.
- Die geschnittenen Bratwurstscheiben in die Soße geben. Und kurz aufkochen lassen.
- Auf einen Teller die Pommes und Currysoße mit Wurststücken anrichten und 1 EL Curry bestreuen.

Butterkartoffeln mit Leipziger Allerlei und Hähnchenfilet

Eiweiß: 13 g

Fett: 5,5 g

Kohlenhydrate: 10,25 g

Kalorien: 145 kcal

Zutaten für 4 Portionen

- 2 Hähnchenbrüste
- 2- 3 EL Zitronensaft
- 2 EL Öl
- 2 EL Mehl
- 4 EL Margarine oder Butter
- 500 g weißer Spargel
- 500 g kleine Kartoffeln
- 350 g Blumenkohl
- 250 g Möhren
- 150 g TK-Erbsen
- 100 g Flusskrebsschwänze mit Lake
- 25 g Morcheln getrocknet
- 250 ml Milch
- 250 ml Gemüsebrühe
- einige Stiele Kerbel
- weißer Pfeffer

- Salz

Dauer: 60 Minuten
Schwierigkeitsgrad: Mittel

- Die Morcheln in Wasser einweichen.
- Wasser zum Kochen bringen. Möhren, Blumenkohl und Spargel nacheinander 4–5 Minuten kochen lassen. Herausnehmen, mit kaltem Wasser abschrecken und beiseitestellen. Zum Schluss die 150 g TK Erbsen 2–3 Minuten kochen.
- Die Flusskrebsschwänze in einem Sieb abtropfen lassen von der Lake.
- In einen Topf, Wasser und Salz geben und aufkochen lassen. Die 500 g Kartoffeln schälen, in das Wasser hineingeben für 20 Minuten.
- Für die Mehlschwitze, in einen Topf, 2 EL Butter oder Margarine zum Schmelzen bringen und 2 EL Mehl hineinstreuen und gut miteinander vermengen. Die entstandene Mehlschwitze kurz hell anbraten.
- In die Mehlschwitze unter Rühren 250 ml Milch hineingießen. Das Rühren ist wichtig, damit es zu keiner Klümpchenbildung kommt. Mit 250 ml Gemüsebrühe aufgießen. 5 Minuten leicht köcheln lassen. Immer wieder umrühren.

- In einer Pfanne 2 EL Öl erhitzen. Von den Hähnchenfilets, die Knochen abschneiden, abwaschen und mit einem Küchentuch abtupfen. 10-12 Minuten die Filets von allen Seiten goldbraun braten.
- Den Kerbel abwaschen, trocken schütteln und haken.
- In einer weiteren Pfanne, 2 EL Butter oder Margarine langsam erhitzen. Die fertig gegarten Kartoffeln abgießen und in die Pfanne hineingeben und darin mehrfach Wenden. So erhalten sie ihre Butternote. Allerdings sollen sie nicht braten.
- Die eingeweichten Morcheln vorsichtig ausdrücken. Blumenkohl, Möhren, Spargel, Flusskrebsschwänze und Morcheln in die Soße hineingeben und alles verrühren. Alles zusammen, langsam zum Kochen bringen. Mit 2–3 EL Zitronensaft, Pfeffer und Salz abwürzen.
- Auf einen Teller, die Butterkartoffeln, Leipziger Allerlei und Hähnchenfilets anrichten und mit dem gehakten Kerbel bestreuen.

Petersilienkartoffeln mit Kohlrabigemüse und Frikadellen

Eiweiß: 13 g

Fett: 5,5 g

Kohlenhydrate: 10,25 g

Kalorien: 145 kcal

Zutaten für 4 Portionen

- 3 Zwiebeln
- 1 Ei
- 1 altbackenes Brötchen
- 3 Stiele Petersilie
- 500 g Hackfleisch gemischt
- 800 g Kohlrabi
- 750 g Kartoffeln vorwiegend festkochend
- 2 TL Senf mittelscharf
- 2 TL Gemüsebrühe instant
- 1 TL getrockneter Majoran
- 1 EL Mehl
- 2 EL Öl
- 1 EL Butter
- 200 ml Milch
- schwarzer Pfeffer
- Salz

Dauer: 45 Minuten
Schwierigkeitsgrad: Mittel

- Das Brötchen in lauwarmem Wasser einweichen.
- 3 Zwiebeln schälen und 1 Zwiebel in dünne Ringe schneiden und 2 Zwiebeln klein würfeln. In eine Schüssel, die Hälfte der Zwiebelwürfel, 500 g gemischtes Hackfleisch, 1 Ei und 2 TL mittelscharfen Senf geben. Das eingeweichte Brötchen ausdrücken, bis kein Wasser mehr herauskommt. Mit in die Schüssel zum Hack geben und alles gut miteinander zu einer Masse verkneten. Die Masse reicht für 8 Frikadellen. Die Handflächen leicht befeuchten und die Frikadellen formen.
- In einen Topf 500 ml Wasser aufkochen lassen. In der Zeit den Kohlrabi schälen und in Würfel schneiden. 2 TL instant Gemüsebrühe in das kochende Wasser geben und die Kohlrabiwürfel darin 10 Minuten kochen.
- Kartoffel schälen, in kleine Würfel schneiden und in gesalzenem Wasser weichkochen.
- Die Frikadellen in einer Pfanne gut durchbraten.
- Den fertig gegarten Kohlrabi abgießen und die Brühe in einen separaten Topf auffangen.
- In einem Topf 1 EL Butter oder Margarine erhitzen. Die andere Hälfte der Zwiebelwürfel darin anbraten.

1 EL Mehl hineinstreuen und gut miteinander vermischen. Von der aufgefangenen Kohlrabibrühe 300 ml in einen Messbecher abgießen. Diese Soße in den Topf zu dem Mehl mit hineingießen. Mit 200 ml Milch aufgießen und alles zusammen aufkochen lassen. Weiter köcheln lassen, für 5 Minuten und dabei immer wieder rühren.

- Die fertig gegarten Kartoffeln abgießen. Die abgetropfte Petersilie zur Hälfte für die Dekoration aufheben und die andere Hälfte in Streifen schneiden. In die Soße den 1 TL Majoran und den gegarten Kohlrabi wieder hineingeben. Alles gut verrühren. Mit Pfeffer und Salz, je nach Geschmack abwürzen.

- Die gebratenen Frikadellen, aus der Pfanne herausnehmen und in dem Bratfett die Zwiebelringe goldbraun braten und anrichten.

Champignon-Kassler-Auflauf mit Schupfnudeln

Eiweiß: 11,5 g

Fett: 8,5 g

Kohlenhydrate: 15 g

Kalorien: 187,5 kcal

Zutaten für 4 Portionen

- 4 ausgelöste Kasselerkoteletts
- ½ Bund Schnittlauch
- 600 g Schupfnudeln frisch
- 200 g Schlagsahne
- 50 g Goudakäse
- 250 g Champignons
- 3 EL Öl
- 1 EL Mehl
- 150 ml Gemüsebrühe
- Salz
- Pfeffer

Dauer: 45 Minuten

Schwierigkeitsgrad: Mittel

- Den Backofen auf 175 °C Umluft vorheizen.
- 250 g Champions abputzen und klein schneiden.

- ½ Schnittlauch abwaschen und abtropfen lassen.
- In einer beschichteten Pfanne, 1 EL Öl langsam erhitzen. Für 5 Minuten die 600 g frischen Schupfnudeln darin braten und wenden. Diese wieder herausnehmen. In der Zwischenzeit die 4 ausgelösten Kasselerkoteletts mit einem Küchentuch trocken tupfen und in der Pfanne anbraten.
- Die Champions in derselben Pfanne braten. Diese mit 1 EL Mehl überstreuen, gut vermengen und kurz weiterbraten lassen. Die 200 g Schlagsahne in die Pfanne hineingießen und gut verrühren, dass sich keine Klumpen bilden. Mit 150 ml Gemüsebrühe aufgießen. Alles zusammen kochen lassen für 5 Minuten. Mit Pfeffer und Salz abwürzen.
- 2/3 des geschnittenen Schnittlauchs in die Soße einrühren.
- 50 g Goudakäse reiben.
- Nudeln, Fleisch und Sauce in eine Auflaufform geben und den geriebenen Goudakäse, darauf streuen und für 20 Minuten backen.

Minutenschnitzel nach Jägerart

Eiweiß: 14 g

Fett: 9,5 g

Kohlenhydrate: 1,75 g

Kalorien: 153 kcal

Zutaten für 4 Portionen

- 8 Minutensteaks
- 150 g Bergkäse
- 500 g Champions
- 200 g Schlagsahne
- 750 g Porree
- 2 EL Öl
- 2 EL Haselnussblättchen
- Pfeffer
- Salz

Dauer: 35 Minuten

Schwierigkeitsgrad: Einfach

- Den Backofen auf 175 °C Umluft vorheizen.
- In einer großen Pfanne 1 EL Öl langsam erhitzen. Die 8 Minutensteaks von allen Seiten braten,

herausnehmen und beiseitestellen. Die Pfanne nicht reinigen.

- 750 g Porree abwaschen, abtropfen lassen. Die 500 g Champions klein schneiden. Den abgetropften Porree in Ringe schneiden.

- Die Pfanne mit Bratfett wieder erhitzen und die geschnittenen Champignons darin anbraten. Den geschnittenen Porree in derselben Pfanne anbraten. Die 200 g Schlagsahne hineingießen und alles zusammen unter Rühren aufkochen. Mit Pfeffer und Salz abwürzen.

- In eine große Auflaufform die gebratenen Minutensteaks hineinlegen. Die Champion-Porree-Sahne Soße, darüber gleichmäßig verteilen. Die 150 g Bergkäse direkt darüber streuen und für 10 Minuten überbacken.

- Auf einen Teller den Auflauf anrichten und mit den Haselnussblättchen dekorieren.

Hähnchenbrust im Speckmantel

Eiweiß: 49 g

Fett: 34 g

Kohlenhydrate: 6g

Kalorien: 450 kcal

Zutaten für 6 Portionen

- 8 Hähnchenfilets
- 16 Scheiben Speck Tiroler Art
- 1 Bund Suppengrün
- 2 Pkg. Kräuterfrischkäse
- 200 g Schlagsahne
- 200 g Champions
- 3 EL Öl
- 3 EL Senf grobkörnig
- ¼ l Weißwein trocken
- Pfeffer
- Salz

Dauer: 90 Minuten

Schwierigkeitsgrad: Mittel

- Den Backofen auf 180 °C vorheizen.

- In einer Pfanne 3 EL Öl langsam erhitzen. Die 8 Filets in der Mitte durchschneiden. Mit Speck umwickeln, würzen und mit dem Ende nach unten, zuerst braten. Aus der Pfanne nehmen.

- Die 200 g Champions und das Suppengrün putzen und in kleine Würfel schneiden. Das Suppengrün in dem Bratfett anbraten. Mit Weißwein angießen. Senf, Sahne und die 2 Packungen Kräuterfrischkäse dazugeben. Alles zusammen köcheln lassen, für 3 Minuten. Je nach Geschmack, mit Pfeffer und Salz abwürzen. In eine große Auflaufform die mit Speck ummantelten Hähnchenfilets hineinlegen. Die Champions hineinlegen und das Suppengrün mit Rahmsoße darüber gießen und gleichmäßig verteilen.

- Die Auflaufform für eine halbe Stunde in den Ofen geben.

Saftiger Senfbraten mit Apfel und Porree

Eiweiß: 44 g

Fett: 31 g

Kohlenhydrate: 52 g

Kalorien: 680 kcal

Zutaten für 6 Portionen

- 3 Äpfel
- 1 Stange Porree
- ½ Topf Thymian
- 1,2 kg ausgelöster Schweinenackenbraten
- 1,5 kg Kartoffeln
- 50 g Senfkörner
- Salz
- 4 EL Ahornsirup
- ¼ l Wasser

Dauer: 180 Minuten

Schwierigkeitsgrad: Schwierig

- Den Backofen auf 150 °C Umluft vorheizen.
- Für die Senfpaste, die Senfkörner in einen Mörser geben und zermörsern. 4 EL Ahornsirup hineingeben und miteinander vermischen. Die Senfpaste etwas

mit Salz abwürzen und für die spätere Weiterverarbeitung beiseitestellen.

- Den 1,2 kg schweren Schweinenackenbraten abwaschen, mit einem Küchentuch abtupfen. Die angerührte Senfpaste um den gesamten Braten schmieren und in einen großen Bräter legen. Diesen, in den vorgeheizten Backofen stellen auf mittlerer Schiene, für 2 Stunden 45 Minuten.

- 1 Bund Thymian abwaschen und abtrocknen lassen. 1 Stange Porree abwaschen und grobe Stücke schneiden. 3 Äpfel abwaschen, vierteln, entkernen und achteln. Die Kartoffeln schälen und halbieren oder vierteln. Porree, Thymian, Apfelstücken und Kartoffeln in eine große Schüssel geben, mit Pfeffer und Salz abwürzen. Alles zusammen gut miteinander vermischen. Das geschnittene Gemüse wird nach 2 Stunden mit in dem Bräter verteilt und bis zum Garende mitgebacken. In den Bräter 1/4 l Wasser hineingießen und wieder in den Backofen schieben.

- Den Schweinenackenbraten aus dem Backofen nehmen, nach der Garzeit und 5 Minuten stehen lassen. Den Braten nach den 5 Minuten in Scheiben schneiden.

- Auf einen Teller, die Kartoffeln, den Porree und die Scheibe Fleisch anrichten.

„Halbe Sachen"- Salat zu Frikadellen mit Ecken und Kanten

Eiweiß: 26 g

Fett: 36 g

Kohlenhydrate: 20 g

Kalorien: 520 kcal

Zutaten für 4 Portionen

- 2 Lauchzwiebeln
- 1 gelbe Paprikaschote
- 6 Scheiben Höhlenkäse
- 5 Stiele Petersilie
- 1 Eisbergsalat
- 700 g Hackfleisch gemischt
- 200 g Kirschtomaten
- 2 EL Öl
- 1 EL mittelscharfer Senf
- 6 EL Ketchup
- 4 EL Weißweinessig
- 1 TL Zucker
- Pfeffer
- Salz

Dauer: 45 Minuten

Schwierigkeitsgrad: Einfach

- Den Backofen auf 180 °C vorheizen.

- 5 Stiele Petersilie abwaschen und abtrocknen lassen.

- Ein Backblech mit 1 EL Öl bestreichen. Die 700 g gemischtes Hackfleisch, darauf komplett verteilen und leicht andrücken. Mit 1 EL Senf gleichmäßig bestreichen. 1 TL Pfeffer und 1 ½ Salz in einer kleinen Tasse vermischen und über das Hack streuen und mit 6 EL Ketchup bestreichen.

- Die 2 Lauchzwiebeln abwaschen und klein schneiden. Diese auf das Hack darauf verteilen. 1 gelben Paprika abwaschen, halbieren, entkernen und in grobe Stücke schneiden. Diesen ebenso auf das Hack verteilen. 6 Scheiben Höhlenkäse auf den Hack legen und in den vorgeheizten Backofen, auf mittlerer Schiene backen, für 25 Minuten.

- Salat waschen, in mundgerechte Stücke zerteilen und Petersilie hacken.

- Für das Salatdressing Öl, Pfeffer, Zucker, Salz, Weißweinessig und die Petersilie miteinander gut vermischen.

- Nach der Backzeit, das Backblech aus dem Ofen nehmen und die Frikadellen in Stücke schneiden und auf dem Salat anrichten.

Vegetarische Gerichte

Gefüllte Eier

315 kcal

13 g Eiweiß

15 g Fett

32 g Kohlenhydrate

Zutaten für 4 Personen

- 450 g Möhren
- 25 g Butter
- 750 ml Gemüsebrühe (instant)
- 4 mittelgroße Eier
- 550 g Kartoffeln
- 2 EL Mehl
- 250 ml Milch (0,5 % Fett)
- 2-3 EL Senf
- 1-2 TL Zucker
- Salz, Pfeffer, Muskatnuß
- 50 g Rauke

Dauer: 40 Minuten

Schwierigkeitsgrad: Leicht

- Die Kartoffeln und Möhren waschen, schälen, grob klein schneiden und weichkochen. Das Wasser abgießen, aber nicht wegschütten, sondern zur Seite stellen und das Gemüse abkühlen lassen.

- Die Butter zergehen lassen, Mehl hinzugeben, mit Milch und Brühe aufgießen und einmal kurz aufkochen lassen. Den Senf unterrühren und mit Zucker und den Gewürzen abschmecken. Die Soße warmhalten.

- Rauke waschen, trocknen und bis auf ein paar Blätter für die Garnitur in feine Streifen schneiden. Die hart gekochten Eier schälen, halbieren und den Dotter herausnehmen.

- Die Kartoffeln, Möhren mit dem Eidotter zerstampfen und verrühren und 180 ml vom zur Seite gestellten Sud dazugeben. Würzen und die Raukestreifen untermischen. In die halbierten Eier füllen und mit der Soße garnieren. Zum Schluss an den übrigen Raukeblättern anrichten.

Seelachs Müllerin Art

395 kcal

Kohlenhydrate: 7 g

Eiweiß: 29 g

Fett: 26 g

Zutaten für 2 Portionen

- 2 Seelachsfilets
- 40 g Butter
- Salz, Pfeffer
- 3 Stiele Petersilie
- 2 EL Mehl
- 1 EL Butterschmalz
- 2 Zitronenscheiben oder -spalten zum Garnieren

Dauer: 20 Minuten

Schwierigkeitsgrad: Leicht

- Die Petersilie waschen, abtupfen und fein hacken.
- Den Fisch trocken tupfen, in Mehl wenden das überschüssige Mehl abklopfen. Würzen und 3 Minuten von beiden Seiten in Butterschmalz anbraten.

- Die Butter erwärmen und kurz mit einem Schneebesen aufschlagen. Die Petersilie unterrühren und den Fisch damit übergießen und mit der Zitrone servieren.
- Geschmackssache: Glatte Petersilie schmeckt intensiver, krause Petersilie lässt sich besser hacken und sieht dekorativer aus.

Klassische Kartoffelpuffer mit Apfelmus

Eiweiß: 2g

Fett: 3,75 g

Kohlenhydrate: 15,75 g

Kalorien: 107,5 kcal

Zutaten für 4 Portionen

- 4 Zimtstangen
- 1 Ei Größe M
- 1 Zwiebel
- 1 kg Kartoffeln vorwiegend mehlig kochend
- 500 g Äpfel
- 50 g Butterschmalz
- 4 EL Mehl
- 5 EL Apfelsaft
- 2 EL Zucker
- Salz
- Pfeffer

Dauer: 50 Minuten

Schwierigkeitsgrad: Mittel

- Für den Apfelmus, 500 g Äpfel abwaschen, die Schale abschälen, in Viertel schneiden, das

Kerngehäuse herausschneiden und in kleine Stücke schneiden. In einen Topf 2 EL Zucker geben und diesen flüssig werden lassen. Anschließend die klein geschnittenen Äpfel hineingeben und miteinander verrühren. 5 EL Apfelsaft hineingießen, die 4 Zimtstangen und gut verrühren. Für 10 Minuten mit geschlossenem Topf köcheln lassen.

- Die fertig gegarten Apfelstücke, mit einer Gabel kräftig zerdrücken und zum Abkühlen beiseitestellen.
- Die Kartoffeln schälen und grob reiben. 1 Zwiebel schälen und zu den Kartoffeln reiben. 4 EL Mehl und 1 Ei in die Kartoffel-Zwiebel Masse geben und gut vermengen. Mit Pfeffer und Salz abwürzen. Aus der Masse werden 16 Kartoffelpuffer.
- In eine Pfanne etwas Butterschmalz geben und erhitzen. Die Masse mit einem Löffel in das Butterschmalz geben und leicht draufdrücken, damit sie die Form der Puffer bekommen. Es empfiehlt sich 2 EL Masse pro Puffer zu nehmen. 3- 4 Minuten goldbraun braten.

Selleriepüree mit frischem Schnittlauch

Eiweiß: 2g

Fett: 8 g

Kalorien: 95 kcal

Kohlenhydrate: 3g

Zutaten für 4 Portionen
- 75 g 30 % Schlagsahne
- 500 g roher Knollensellerie
- 1 EL Olivenöl
- 10 Stängel Schnittlauch
- Meersalz
- Muskatnuß
- Sojacreme

Dauer: 40 Minuten

Schwierigkeitsgrad: Mittel

- Die Knollensellerie abschälen, gut putzen und in kleine Würfel zerschneiden. Den Sellerie für 20 Minuten kochen lassen.
- Den fertig gegarten Knollensellerie in einem Sieb ausgießen und abtropfen lassen. Den noch heißen Topf auf die warme Herdplatte stellen zurück und den Sellerie wieder hineingeben. So kann das noch

restliche vorhandene Wasser abdampfen. In ein hohes Gefäß, den abgedampften Sellerie hineingeben und sehr fein mit einem Pürierstab pürieren.

- Schnittlauch klein schneiden.

- Mit einem Löffel werden Salz, Muskatnuß, Olivenöl und Sojacreme in das Selleriepüree untergerührt.

- Das Selleriepüree auf einen Teller anrichten und den geschnittenen Schnittlauch darüberstreuen.

Brokkoli Cremesuppe

Eiweiß: 7 g

Fett: 10 g

Kalorien: 138 kcal

Kohlenhydrate: 8 g

Zutaten für 3 Portionen

- 2 Schalotten
- 500 g Brokkoli
- 50 ml Sahne
- 500 ml Gemüsebrühe aus instant Gemüsebrühe angerührt
- 1 EL Mandelblätter
- 2 EL Crème fraîche
- 1 TL Olivenöl
- Pfeffer aus der Mühle
- Meersalz

Dauer: 25 Minuten

Schwierigkeitsgrad: Leicht

- Die 500 g Brokkoli abspülen und die Röschen vom Stiel abtrennen. Diese in einem Sieb abtropfen lassen, bis zur weiteren Verarbeitung. Den Stiel abschälen und in gleichgroße Stücke schneiden. In einen Topf 1 TL Olivenöl erhitzen. 2 Schalotten schälen und kleinwürfelig schneiden.

- Die gewürfelten Schalotten in dem erhitzten Öl anbraten und die Brokkolistücke mit hineingeben und andünsten. In einen Messbecher 500 ml heißes Wasser und die vorgegebene Menge instant Gemüsebrühe einrühren. Diese in die Pfanne zum Ablöschen komplett hineingießen. Alles zusammen gut aufkochen lassen.

- Die abgetropften Brokkoliröschen in den Topf mit hineingeben und bei mittlerer Hitze weiter köcheln lassen, für ungefähr 15 Minuten.

- Nach der Garzeit die 50 ml Sahne hineingeben und mit Pfeffer aus der Mühle und Meersalz abwürzen. Mit einem Pürierstab alles fein pürieren.

- 1 EL Mandelblätter grob hacken oder schneiden. In einer Pfanne, die grob gehackten Mandelblätter ohne Öl kurz anrösten.

- Die fertige Cremesuppe in einer Schüssel oder tiefen Teller anrichten. Einen kleinen Löffel Crème fraîche draufgeben und mit den grob gehackten Mandelblättern bestreuen.

Pfannkuchen

310 kcal

15 g Eiweiß

16 g Fett

27 g Kohlehydrate

Zutaten für 2 Portionen

- 280 g Mehl
- 280 ml Milch
- 230 ml Mineralwasser
- 4 Eier
- Öl

Dauer: 30 Minuten

Schwierigkeitsgrad: Leicht

- Die Eier gut verquirlen, das Mehl und die Milch hinzugeben und gut verrühren. Das Mineralwasser dazu gießen, bis ein dünnflüssiger Teig entsteht. Den Teig für 20 Minuten stehen lassen.
- Ein wenig Öl in der Pfanne erhitzen, eine Schöpfkelle Teig dazugeben und die Pfanne so schwenken, dass der Teig in der Pfanne verläuft.
- Sobald er stockt, den Pfannkuchen wenden und auch von der zweiten Seite braten.

Falsche Gemüseforellen

972 kcal

60 g Kohlehydrate

73 g Eiweiß

46 g Fett

Zutaten für 4 Portionen
- 4-6 Pfannkuchen
- 4 Möhren
- 1 Zwiebel
- 1 Zucchini
- Petersilie
- 1 Stange Lauch
- 6 Kartoffeln
- 150 g Käse zum Überbacken

Dauer: 60 Minuten
Schwierigkeitsgrad: Leicht

- Das Gemüse klein raspeln und die Zwiebeln anrösten, das restliche Gemüse dazugeben.
- Die Pfannkuchen damit füllen und zusammengerollt in einen Bräter legen.
- Mit Käse bestreuen und 25 Minuten bei 180 °C goldbraun backen.

Vegetarische Sommerrolle mit Crème fraîche

240 kcal

13 g Kohlehydrate

4g Eiweiß

18 g Fett

Zutaten für 3 Portionen:

- 1 Rübe
- 1 Stück Lauch
- 1 Schnitz Rotkraut
- 1 Apfel
- 1 Handvoll Salat, z. B. Nuss- oder Schnittsalat, bei Bedarf geschnitten
- 180 g Crème fraîche
- 50 g Sbrinz, gerieben, oder Sbrinz-Rollen
- Kräuter, z.B. Basilikum, Petersilie, Koriander, grob gezupft
- 12 Reisblätter

Dauer: 30 Minuten

Schwierigkeitsgrad: Mittel

- Rotkraut, Apfel und Lauch in feine Ringe schneiden.
- Rübe schälen die Reisblätter einzeln in Wasser einweichen. Befülle das untere Drittel der Blätter mit Crème fraîche, Rüben, Lauch, Rotkohl und Apfel. Bestreue alles mit Sbrinz und dann die rechte und linke Seite des Blattes über die Füllung legen und das Blatt von unten nach oben aufrollen.

Topfenwaffeln

22 g Fett

9 g Eiweiß

37 g Kohlenhydrate

393 kcal

Zutaten für 8 Portionen:

- 125 g weiche Butter
- 1 Päckchen Vanillezucker
- 250 g Sahnequark
- 1 Esslöffel abgeriebene Orangenschale
- 3 Eier
- 100 g Zucker
- 150 ml Milch
- 250 g Mehl
- ½ Teelöffel Backpulver
- Öl für das Waffeleisen

Dauer: 40 Minuten

Schwierigkeitsgrad: Mittel

- Butter, Vanillezucker, Zucker und die Orangenschalen mit dem Mixer schaumig schlagen. Die Eier unterrühren.

- Unter ständigem Rühren Sahnequark und Milch einrühren und am Ende das Mehl und Backpulver. Richtig gründlich durchmixen, bis der Teig cremig ist und keine Klümpchen mehr enthalten sind.
- Das Waffeleisen mit Öl bestreichen und in die Mitte des heißen Waffeleisens eine kleine Schöpfkelle Teig setzen. Waffeleisen schließen und die Waffeln goldbraun ausbacken.
- Auf einem Küchengitter erkalten lassen und mit geschlagener Sahne und Beeren nach Wahl servieren.

Vegane Gerichte

Kartoffelsalat aus Bayern

215 kcal

5 g Eiweiß

11 g Fett

24 g Kohlenhydrate

Zutaten für 8 Personen:

- 1,7 kg Kartoffeln (festkochend)
- 200 ml Gemüsebrühe
- 2 Zwiebeln
- 1 EL Zucker
- Salz, Pfeffer
- 220 g Gewürzgurken
- 1 mittelgroße Salatgurke
- 100 ml Öl
- 100 ml Essig
- 1 Handvoll Schnittlauch

Dauer: 60 Minuten

Schwierigkeitsgrad: Leicht

Die weich gekochten Kartoffeln schälen und in Scheiben schneiden. Anschließend abgießen, abschrecken, Schale abziehen. Kartoffeln ca. 10 Minuten ruhen lassen.

Die Zwiebeln kleinwürfelig schneiden und mit den Kartoffeln in eine Schüssel geben. Ebenso die entkernten und geschnittenen Gewürz- und untermischen.

Aus der Gemüsebrühe, Zucker, Salz, Pfeffer, Essig und Öl eine warme Marinade herstellen und über den Salat gießen. Die Marinade nur erwärmen, nicht aufkochen lassen.

Den Salat am besten etwas ziehen lassen und mit klein geschnittenen Schnittlauchröllchen garniert servieren.

Ofenkartoffeln

91 kcal pro 100 g

Fett: 2 g

Zutaten für 1 Portion
- 100 g Kartoffeln
- Thymian
- 1 Knoblauchzehe
- Rosmarin
- 1 Tasse Olivenöl
- Salz
- Pfeffer

Dauer: 60 Minuten

Schwierigkeitsgrad: Leicht

- Den Backofen auf 180 °C Umluft vorheizen.
- Thymian, Knoblauch und Rosmarin in einen Mörser geben und zerstoßen, bis es eine Masse ergibt. Sollte dieser nicht vorhanden sein, können die Gewürze klein geschnitten werden.
- 100 g vorwiegend feste Kartoffeln schälen. Die fertig geschälte Kartoffel in kaltes Wasser legen. Dies verhindert, dass sie bis zur Weiterverarbeitung nicht

austrocknet. Die geschälten Kartoffeln anschließend vierteln oder achteln. Kleine Kartoffeln am besten vierteln und dann achteln.

- Die Kartoffelspalten mit Olivenöl übergießen. Die zerstoßenen Kräuter hinzugeben und würzen. Kräftig miteinander vermengen.

- Ein Backblech mit Backpapier auslegen und die marinierten Kartoffelspalten darauf breit auslegen, dass sie im Backofen gut durchbacken und nicht aneinanderkleben.

- Die Kartoffeln 40-60 Minuten goldbraun backen.

Suppe mit rote Bete und frischen Kräutern

Eiweiß: 4g

Fett: 6g

Kalorien: 135 kcal

Kohlenhydrate: 15 g

Zutaten für 4 Portionen

- 300 g rohen Knollensellerie
- 500 g rohe Rote Rüben
- 3 Schalotten
- 500 ml Gemüsebrühe aus Instantpulver
- 1 rohe Pfefferschote
- 2 Knoblauchzehen
- 1 Zitrone
- 8 Stängel Koriander
- 2 EL Olivenöl
- 1 Sternanis
- 1 Prise schwarzer Pfeffer
- 1 Prise Meersalz
- 1 Prise Muskatnuß
- 1 TL veganes Gewürzpulver

Dauer: 45 Minuten

Schwierigkeitsgrad: Leicht

- 500 g rohe Rote Rüben und 300 g rohen Knollensellerie schälen und klein würfeln. 2 Knoblauchzehen und 3 Schalotten abschälen und in feine Stücke schneiden.
- In einen großen Topf 2 EL Olivenöl erhitzen. Schalotten und Knoblauch hineingeben und andünsten. Die gewürfelten, rohen roten Rüben und Knollensellerie dazu geben und unter Rühren mit andünsten für 5 Minuten.
- Das angedünstete Gemüse mit 500 ml Gemüsebrühe ablöschen. Für ca. 20 Minuten kochen. Den Sternanis und 5 Gewürze-Pulver hineingeben und abschmecken. Für weitere 20 Minuten kochen lassen, auf der gleichen Temperatur.
- Damit die Suppe ihre Sämigkeit erhält, wird die Hälfte abgegossen in ein hohes Gefäß und mit einem Stabmixer püriert. Den pürierten Teil wieder zur Suppe dazu gießen und vermischen und noch einmal kurz aufkochen lassen. Mit Muskatnuß, schwarzen Pfeffer, Meersalz und frisch gepressten Zitronensaft abwürzen.
- Die rohe Pfefferschote in feine Ringe schneiden und den Koriander fein hacken. Die fertige Suppe mit dem gehackten Koriander und Pfefferschotenringen bestreuen.

Falscher Bulgursalat mit frischer Minze und Paprika

Eiweiß: 3g

Fett: 10 g

Kalorien: 148 kcal

Kohlenhydrate: 9 g

Zutaten für 4 Portionen

- 80 g frischer roter Paprika
- 300 g Blumenkohl
- 2 kleine Tomaten
- 2 Knoblauchzehen
- 80 g frischer gelber Paprika
- 80 g frischer grüner Paprika
- 1 rote Zwiebel
- 2 Frühlingszwiebeln
- Zitronensaft von 1 frisch gepressten Zitrone
- 2 Stängel Minze
- 5 Stängel frischen Koriander
- 4 EL Olivenöl
- 1 Prise getrockneten Kreuzkümmel
- Pfeffer, Salz

Dauer: 30 Minuten

Schwierigkeitsgrad: Mittel

Einen Topf, mit einem Dampfeinsatz mit Wasser befüllen und aufkochen lassen. Blumenkohl gründlich abwaschen und in den Dampfeinsatz hineinlegen. Diesen kurz blanchieren und mit kaltem Wasser abschrecken. Somit wird der Garprozess unterbrochen. Den blanchierten Blumenkohl klein reiben mit einer Küchenreibe in eine Schüssel.

- Die 2 Tomaten klein schneiden. Die Zwiebel schälen und in gleichgroße Ringe schneiden. Grünen, roten und gelben Paprika abwaschen, entkernen und in kleine Würfel würfeln. Das geschnittene Gemüse mit zu dem Blumenkohl mit hineingeben.
- Minze und Koriander hacken. Die Frühlingszwiebeln schälen, in kleine Ringe schneiden und in die Schüssel mit hineingeben.
- Für das Dressing 4 EL Öl, 1 Prise Kreuzkümmel, 1 Prise schwarzer Pfeffer, 1 Prise Meersalz und etwas frisch gepressten Zitronensaft miteinander verrühren in einer Tasse. Das Dressing über das Gemüse leeren und gut verrühren. Bis zum Verzehr, den Salat abgedeckt kühl lagern.

Gedünstete Gemüsepfanne

Eiweiß: 9 g

Fett: 10 g

Kalorien: 239 kcal

Kohlenhydrate: 27 g

Zutaten für 1 Portion

- 50 g frischer roter Paprika
- 100 g Kaiserschoten
- 100 g Brokkoli
- 2 Möhren mittelgroß
- 50 g frischer gelber Paprika
- 50 g Zwiebeln
- 1 EL Olivenöl
- 1 Prise Meersalz

Dauer: 15 Minuten

Schwierigkeitsgrad: Leicht

- Roten und gelben Paprika abwaschen und halbieren. Kerne aus dem Paprika gut entfernen und in gleichgroße Streifen teilen.
- Die 100 g Brokkoli gut abwaschen, abtropfen und vom Stiel die Röschen abtrennen.

- Die 100 g Kaiserschoten in einem Sieb abwaschen und darin abtropfen lassen. Die 2 mittelgroßen Möhren schälen und in gleichgroße dünne Stifte schneiden. Die geschälten Zwiebeln ebenfalls in Ringe schneiden.
- In einer Pfanne 1 EL Olivenöl erhitzen. Das fertig geschnittene Gemüse und die Kaiserschoten hineingeben. Alles durchmischen und anbraten. Während der Zeit immer wieder umrühren, damit das Gemüse nicht anbrennt. Zum Schluss mit Meersalz abwürzen und auf einen Teller anrühren.

Frischer Gurkensalat mit Kräutern und Zwiebeln

Eiweiß: 2g

Fett: 9 g

Kalorien: 125 kcal

Kohlenhydrate: 9 g

Zutaten für 1 Portion

- 15 g Frühlingszwiebeln
- 200 g Gurke mit Schale
- 1 EL Olivenöl
- 2 Stängel frische Petersilie
- Schwarzer Pfeffer
- Meersalz

Dauer: 10 Minuten

Schwierigkeitsgrad: Leicht

- Die Gurke schälen und in dünne Scheiben schneiden oder hobeln in eine Schüssel. Die Gurke kann auch mit Schale verarbeitet werden. Sie sollte aber dann abgewaschen werden.
- Petersilie abwaschen und abtropfen lassen. In der Zwischenzeit die 15 g Frühlingszwiebeln abputzen und in dünne Ringe zerschneiden. Von der abgetropften Petersilie die Blätter abschneiden und

mit einem Wiegemesser zerteilen oder mit einem Messer fein schneiden. Beides zusammen in die Schüssel mit zu den Gurken hinzugeben.

- 1 EL Olivenöl hineingeben und mit Pfeffer und Salz abwürzen und gut durchmischen. Für ungefähr 5 Minuten abgedeckt kühl lagern.

Rotkohlsalat mit Samen und Nüssen

Eiweiß: 6g

Fett: 13 g

Kalorien: 206 kcal

Kohlenhydrate: 19 g

Zutaten für 1 Portion

- 20 g Walnusskerne
- 150 g rohen Rotkohl
- 5g rohen Mangold
- 1 TL Agavendicksaft
- Pfeffer
- Meersalz
- 1 EL Balsamico

Dauer: 10 Minuten

Schwierigkeitsgrad: Leicht

Bei den 150 g rohen Rotkohl, die äußeren Blätter entfernen und den Strunk herausschneiden. Den bearbeiteten Rotkohl abwaschen und in 4 gleich große Teile schneiden. Entweder den Rotkohl mit einem Hobel in feine Streifen bringen oder mit einem Messer in feine Streifen schneiden. Diese in eine Schüssel geben.

- Für das Dressing, in eine Tasse oder kleine Schüssel 1 TL Agavendicksaft und 1 EL Balsamico hineingeben und mit Pfeffer und Meersalz würzen. Alles zusammen gut verrühren.
- Die 5g rohen Mangold gut abspülen und zum Abtropfen beiseite legen.
- Die 20 g Walnusskerne von der harten Schale befreien und entweder mit dem Messer fein schneiden oder fein zerhacken.
- Den abgetropften Mangold, mit in die Schüssel geben zum Rotkohl und das Dressing darüber gießen. Alles gut miteinander vermengen.
- Den Rotkohlsalat auf einen Teller oder Schüssel anrichten und die gehackten Walnusskerne darüber streuen.

Salat mit Kichererbsen, Tomaten und Gurken

Eiweiß: 4g

Fett: 10 g

Kalorien: 153 kcal

Kohlenhydrate: 10 g

Zutaten für 1 Portion

- 50 g Kichererbsen
- 100 g Tomaten
- 10 g Frühlingszwiebeln
- 60 g Gurke
- Pfeffer
- 1 EL Olivenöl
- Meersalz

Dauer: 10 Minuten

Schwierigkeitsgrad: Leicht

- Die Frühlingszwiebel kurz abspülen, abtupfen und in Ringe schneiden. Diese in eine Schüssel geben. Die 100 g Tomaten kurz abwaschen und vom Stiel befreien. Sie wird nun halbiert und anschließen in kleine Stücke geschnitten. In die Schüssel zu den Frühlingszwiebeln mit hineingeben.

- Die 50 g Kichererbsen in einem Sieb abspülen und abtropfen lassen.

- Entweder die Gurke schälen oder mit Schale abwaschen und in kleine Stücke schneiden oder mit einer Reibe in dünne Scheiben reiben und in die Schüssel mit hinein.

- Die abgetropften Kichererbsen du dem fertigen Gemüse dazugeben.

- Für das Dressing 1 EL Olivenöl und Pfeffer und Salz in einer kleinen Tasse miteinander verrühren und über den Salat gießen.

- Alles zusammen gut miteinander vermengen und auf einen Teller anrichten.

Gemüsespieße mit frischen Kräutern

Eiweiß: 5g

Fett: 14 g

Kalorien: 196 kcal

Kohlenhydrate: 10 g

Zutaten für 2 Portionen

- 100 g Zucchini
- 200 g Cherrytomaten
- 1 Zwiebel
- 1 Rosmarinzweige
- 2 Thymianzweige
- 100 g Radieschen
- 100 g Champions
- 100 g Paprika (Farbe spielt keine Rolle)
- Bunter Pfeffer
- Meersalz
- 3 EL Olivenöl

Dauer: 30 Minuten

Schwierigkeitsgrad: Leicht

- Den Grill anfeuern und eine Grillpfanne darauflegen.

- Die 100 g Radieschen vom Bund abschneiden. Die 100 g Zucchini, Radieschen und 200 g Cherrytomaten abwaschen und abtropfen oder abtupfen. Die Zucchini vierteln in gleich große Scheiben. Die Radieschen halbieren. Die 100 g Paprika halbieren, Trennwände herausschneiden und Kerne herausnehmen. Beide Hälften gut abwaschen und große Stücke herausschneiden.

- Den Thymian vorsichtig abwaschen und abtropfen lassen, auf einem Küchentuch. Die 1 Zwiebel abschälen und in große Stücke zerschneiden. Die 100 g Champions gut putzen und das Stielende wegschneiden. Die Champions in 2 gleichgroße Teile schneiden.

- Das geschnittene Gemüse wird nun abwechselnd auf den Spieß gesteckt. Die Cherrytomaten werden im Ganzen mit aufgespießt.

- Thymianblätter und Rosmarinblätter abzupfen vom Stiel und klein hacken.

- Die Spieße in die Grillpfanne legen, mit Pfeffer und Salz abwürzen und mit 3 EL Olivenöl beträufeln.

- Die Spieße von allen Seiten gut angrillen und auf einer Platte oder Teller anrichten.

Bunte Gemüsepfanne mit Petersilie und Ei

Eiweiß: 24 g

Fett: 25 g

Kalorien: 379 kcal

Kohlenhydrate: 15 g

Zutaten für 1 Portion

- ½ rote Paprika
- 6 Cherrytomaten
- 2 Stängel Petersilie
- 1 EL Olivenöl
- ½ Zwiebel oder 1 kleine Zwiebel
- 3 Eier Größe M
- ½ grüne Paprika
- Meersalz
- Pfeffer
- 1 Chilischote

Dauer: 20 Minuten

Schwierigkeitsgrad: Mittel

- Die 6 Cherrytomaten abwaschen und halbieren. 1 grünen und 1 roten Paprika jeweils halbieren. Wer grünen Paprika nicht mag, kann auch einen ganzen roten oder gelben Paprika nehmen. Aus den Paprikahälften die Kerne herausnehmen und die Trennwände herausschneiden. Anschließend in kleine Stücke schneiden.

- 2 Petersilienstängel abwaschen und abtrocknen lassen. 1 geschälte Zwiebel kleinwürfelig schneiden.
- Die abgetrockneten Petersilienstängel entweder grob hacken oder in grobe Stücke schneiden.
- In einer Pfanne Olivenöl erhitzen und die Zwiebelwürfel leicht anbraten, bis sie glasig sind. Die halbierten Cherrytomaten und Paprikastücke mit hineingeben und weiter anbraten.
- Die Chilischote abwaschen, abtrocknen und klein hacken.
- In einer Schüssel die Eier, geschnittene Chilischote, Pfeffer und Meersalz miteinander verrühren. Dieses in die Pfanne zu dem Gemüse hineingießen und gleichmäßig verteilen.
- Mit einem Kochlöffel oder Pfannenwender immer wieder vermischen. Das Ei sollte fest sein und von allen Seiten gebraten.
- Je nach Geschmack, noch einmal mit Pfeffer oder Salz nachwürzen.
- Fertige Gemüsepfanne auf einen Teller anrichten und mit grob gehackter Petersilie bestreuen.

Apfel-Rotkohl-Salat

Eiweiß: 3g

Fett: 21 g

Kalorien: 276 kcal

Kohlenhydrate: 18 g

Zutaten für 1 Portion

- 3 Radieschen
- 100 g rohen Rotkohl
- 20 g rote Zwiebeln oder 1 kleine Zwiebel
- 30 g Apfel
- 2 EL Olivenöl
- 3 Stängel Koriander
- 1 TL Sesam
- 1 Spritzer von einer frisch gepressten Limette
- Meersalz
- 2 TL Agavendicksaft

Dauer: 15 Minuten

Schwierigkeitsgrad: Mittel

- Die äußeren Blätter vom Rotkohl abtrennen. Die 100 g abschneiden und vom Strunk befreien. Mit einem Hobel oder Messer in grobe Streifen hobeln oder schneiden. 1 kleine Zwiebel abschälen und in fein schneiden in Scheiben.

- Die 30 g Apfel von der Schale befreien oder den Apfel abwaschen, wenn die Schale dranbleiben soll, das Kerngehäuse entfernen in dünne Scheiben schneiden. Das Grünzeug an den Radieschen entfernen, abwaschen, mit Küchentuch abtupfen und in dünne Scheiben mit einem Messer schneiden oder mit einer Küchenreibe reiben.

- 3 Stängel Koriander abwaschen und abtrocknen lassen.

- Für das Dressing in einer Tasse oder kleine Schüssel, 2 TL Agavendicksaft, 2 EL Olivenöl, 1 Spritzer frisch gepressten Limettensaft und 1 Prise Meersalz miteinander verrühren.

- Apfelscheiben, Rotkohlstreifen, Zwiebelscheiben und Radieschenscheiben auf einen Teller anrichten. Fertiges Dressing darüber träufeln. Die Korianderblätter abzupfen und zusammen mit dem Sesam dekorativ bestreuen.

Gerösteter Kürbis mit Walnusskernen und Spinat

Eiweiß: 11 g

Fett: 44 g

Kalorien: 577 kcal

Kohlenhydrate: 17 g

Zutaten für 1 Portion

- 25 g Walnusskerne
- 10 g Pinienkerne
- 100 g frischer Babyspinat
- 100 g Hokkaido Kürbis
- 1 TL Fenchelsamen
- 3 EL Olivenöl
- schwarzer Pfeffer
- Meersalz

Dauer: 30 Minuten

Schwierigkeitsgrad: Mittel

- 100 g frischen Babyspinat abwaschen und in einem Sieb abtropfen lassen. Vom Hokkaido Kürbis 100 g abschneiden. Kürbis abwaschen und abtupfen. Die Kürbiskerne nun entfernen und in klein würfeln.

- In einer Pfanne 1 EL Öl langsam erhitzen. Die 25 g Walnüsse klein schneiden oder hacken. Mit einen Mörser 1 TL Fenchelsamen zerstoßen, bis sie wie Pulver sind. Pinienkerne und die gehackten Walnüsse in das erhitzte Öl hineingeben. Kurz anrösten und die Fenchelsamen mit hineingeben. Ist alles von allen Seiten gut angeröstet, herausnehmen und in eine kleine Schüssel zum Abkühlen hineingeben.
- In dieselbe Pfanne erneut 2 EL Olivenöl erhitzen. Den gewürfelten Hokkaidokürbis hineingeben und gut anbraten, von allen Seiten. Den abgetropften Babyspinat auf einen Teller oder Platte dekorativ legen.
- Zu dem angebratenen Hokkaido Kürbis, die angebratenen Pinienkerne, Walnüsse und Fenchelsamen noch einmal in die Pfanne mit hineingeben, vermischen und erwärmen. Mit Pfeffer und Meersalz abwürzen.
- Auf den angerichteten Babyspinat, die Kürbis-Walnuß-Pinienkern-Mischung darauf geben.

Salat mit Tomaten, Apfel und Gurken

Eiweiß: 3g

Fett: 1g

Kalorien: 106 kcal

Kohlenhydrate: 22 g

Zutaten für 2 Portionen

- 200 g Apfel
- ½ rote Zwiebel
- 300 g Gurken
- 300 g Cherrytomaten
- frisch gepresster Zitronensaft aus ½ Zitrone
- 4 Stängel frische Petersilie
- Pfeffer
- Meersalz

Dauer: 10 Minuten

Schwierigkeitsgrad: Leicht

- Apfel, Gurke und Cherrytomaten abspülen und abtupfen. Die Gurke mit Schale in kleine Stücke schneiden und die Cherrytomaten halbieren oder vierteln. Das ist von der Größe abhängig und wie man es mag. 1 rote Zwiebel halbieren und ½ Zwiebel davon schälen und in kleine Stücke schneiden. Den abgetropften oder abgetupften Apfel in 4 gleichgroße Teile schneiden und das Kerngehäuse entfernen. Diesen in kleine Würfel schneiden. Alles zusammen, in eine Schüssel geben.

- Die 4 Stängel frische Petersilie abspülen und abtropfen. Den frisch gepressten Zitronensaft, von der halben Zitrone über den Salat träufeln und vermischen.

- Mit Pfeffer und Meersalz abwürzen.

- Von der abgetropften Petersilie die Blätter abtrennen und fein schneiden.

- Den Salat auf einen Teller oder Schüssel anrichten und die Petersilie darüber streuen.

Bunter Gemüseeintopf mit Rosenkohl

Eiweiß: 6,1 g

Fett: 3,1 g

Kalorien: 126 kcal

Kohlenhydrate: 8 g

Zutaten für 4 Portionen

- 2 Möhren
- 1 Zwiebel
- 500 g Rosenkohl
- 1 Liter Gemüsefond
- 100 g Lauch
- 100 g Stangensellerie
- 1 EL Olivenöl
- 2 Liter Wasser
- 1 TL Pimentkerne
- 1-2 Lorbeerblätter
- Pfeffer
- Meersalz
- 2 Sternanis
- ½ Bund Petersilie

Dauer: 90 Minuten

Schwierigkeitsgrad: Leicht

- In einen großen Topf 1 EL Olivenöl erhitzen.
- Von den 2 Möhren, die Schale abschälen und in dünne Scheiben zerschneiden. Die 100 g Stangensellerie und 100 g Lauch, sowie 500 g Rosenkohl abputzen. Den Stangensellerie und Lauch jeweils in dünne Scheiben schneiden. Die Zwiebel abschälen und in 8 Stücke schneiden. Beim Rosenkohl die Enden, die abgetrocknet sind, entfernen.
- Das ½ Bund Petersilie abwaschen und trocken schütteln und grob hacken oder schneiden.
- Die geachtelte Zwiebel und den Lauch in dem erhitzten Öl anbraten. Selleriestücke und Möhrenscheiben mit hineingeben und ebenso kurz andünsten. In einen Messbecher 1 Liter heißes Wasser hineingeben und die angegebene Menge instant Gemüsebrühe einrühren. Mit dieser das Gemüse ablöschen. Rosenkohl, 2 Sternanis, 1–2 Lorbeerblätter und 1 TL Pimentkerne, mit in das Gemüse hineingeben. 2 Liter Wasser hineingießen und aufkochen lassen alles zusammen.
- Bei kleiner Hitze circa für 30 Minuten mit geschlossenem Deckel köcheln lassen.
- Nach der Garzeit die grob gehackte Petersilie hineingeben und mit Pfeffer und Meersalz abwürzen. Alles noch einmal gut umrühren und servieren.

Salat aus warmem Spargel

Eiweiß: 2g

Fett: 18 g

Kalorien: 190 kcal

Kohlenhydrate: 4g

Zutaten für 2 Portionen

- 3 EL Weißweinessig
- 1 EL Erdbeermarmelade
- 3 EL Olivenöl
- 4 Stangen weißer Spargel
- Pfeffer, Salz

Dauer: 20 Minuten

Schwierigkeitsgrad: Mittel

- 4 weiße Spargelstangen abwaschen und abtropfen lassen. In einer Pfanne, 1 EL Olivenöl langsam erhitzen. Vom abgetropften Spargel, die holzigen und trockenen Enden abschneiden. Den Spargel in dünne schräge Streifen schneiden und in die Pfanne geben und bei kleiner Hitze von allen Seiten anbraten.
- Für die Vinaigrette wird in einer Schüssel 1 EL Erdbeermarmelade, 2 EL Weißweinessig, 3 EL

Olivenöl miteinander verrührt. Mit Pfeffer und Salz abwürzen.

- Den angebratenen Spargel in die Schüssel mit der Vinaigrette hineingeben und gut vermischen.
- Den fertigen Salat auf einen Teller anrichten und warm essen.

Bohnensuppe aus grünen Bohnen

Eiweiß: 5g

Fett: 3g

Kalorien: 77 kcal

Kohlenhydrate: 13 g

Zutaten für 4 Portionen

- 1 Kohlrabi
- 1 Gemüsezwiebel
- 1 Bund Petersilie
- 1 Karotte
- 100 g Kartoffeln
- 400 g grüne Bohnen
- ½ Lauchstange
- 100 g Sellerieknollen
- 1 EL Olivenöl
- Salz
- Pfeffer aus der Mühle
- 1,5 Liter Gemüsebrühe

Dauer: 60 Minuten

Schwierigkeitsgrad: Mittel

- In einem Topf Wasser erhitzen.
- 1 Karotte schälen und in dünne Scheiben schneiden. Von 1 Kohlrabi die Schale abschneiden und in kleine Würfel schneiden. Die 100 g Sellerieknollen ebenso schälen und in kleine Würfel schneiden. Bei 1 Gemüsezwiebel die Schale abschälen und in dünne Streifen schneiden. Dazu vorher die Zwiebel halbieren.
- Die ½ Lauchstange in zwei Hälften schneiden und gut abwaschen. Diese kurz abtropfen lassen und genauso dünne Streifen schneiden, wie die Gemüsezwiebel.
- Bei den 400 g grüne Bohnen die Enden abschneiden und danach gut abwaschen in einem Sieb. Diese in Stücke schneiden mit ungefähr einer Länge von 3 cm.
- Die Bohnenstücke in das kochende Wasser geben und für 10 Minuten kochen lassen. Danach in einem Sieb abgießen und kalte abspülen, damit der Garprozess unterbrochen wird und abtropfen lassen.
- 100 g Kartoffeln schälen und in Würfel schneiden.
- In dem gleichen Topf 1 EL Olivenöl erhitzen und die Zwiebelstreifen darin kurz anbraten. Die geschnittenen Sellerieknollen, Karottenstücke, Kohlrabiwürfel und die Lauchstreifen in den Topf hineingeben und mit andünsten.

- Die gewürfelten Kartoffeln zu dem angedünsteten Gemüse dazu geben und alles gut miteinander verrühren.

- 1 ½ Liter angerührte Gemüsebrühe zum Ablöschen des Gemüses hineingießen und alles zusammen zum Köcheln bringen, die vorgegarten Bohnen hineingeben und für 45 Minuten weiter köcheln lassen, auf mittlerer Hitze.

- Das Bund Petersilie abwaschen, trocken schütteln und die Blätter abzupfen. Die Stiele mit in den Topf hineingeben. Die Petersilienblätter fein hacken oder schneiden und in einer kleinen Schüssel beiseitestellen, zum Bestreuen der Bohnensuppe.

- Nach der Garzeit die Hälfte der Suppe in ein hohes Gefäß gießen und mit einem Pürierstab fein pürieren. Anschließend wieder in den Topf hineingeben. Alles noch einmal miteinander gut verrühren und die Hälfte der gehackten Petersilienblätter hineingeben, umrühren und mit Pfeffer aus der Mühle und Salz abwürzen.

- Die fertige Bohnensuppe auf einen Teller anrichten und mit der restlichen gehackten Petersilie dekorieren.

Gemüsefrikadellen mit Brokkoli

Eiweiß: 7 g

Fett: 5g

Kalorien: 105 kcal

Kohlenhydrate: 9 g

Zutaten für 4 Portionen

- 1 Möhre
- ¼ Knollensellerie
- 50 g Mais aus der Dose
- ½ Kohlrabi
- 50 g Leinsamen
- 5 EL Dinkelmehl
- 200 g Brokkoli
- 4-5 Stängel Petersilie
- 1 EL Sonnenblumenöl
- 1 EL Senf
- Salz, Pfeffer

Dauer: 100 Minuten

Schwierigkeitsgrad: Mittel

- 1 Kohlrabi halbieren und 1 Hälfte davon schälen und
  klein raspeln oder reiben. Die geschälte Möhre und

den geschälten Sellerie klein reiben. Die Maisflüssigkeit aus der Dose abgießen und zusammen mit dem Gemüse in eine Schüssel geben. 1 EL Senf, 5 EL Dinkelmehl und 50 g Leinsamen in die Schüssel hineingeben. Alles gut zu einer Masse vermischen. Mit Pfeffer aus der Mühle und Salz abwürzen. Die Schüssel mit einem Tuch oder Alufolie abdecken und für 1 Stunde kühl stellen.

- Einen Topf mit Wasser zum Kochen bringen. 200 g Brokkoli abwaschen und die Röschen vom Stiel abschneiden. Brokkoliröschen und Stiel in das kochende Wasser geben, für 8–10 Minuten. Das Wasser abgießen und nicht abschrecken.

- 4 bis 5 Petersilienstängel abspülen, trocken schütteln und fein hacken.

- In einer Pfanne, 1 EL Sonnenblumenöl langsam erhitzen. Die gut durchgezogene Masse noch einmal bei Bedarf abwürzen, vermengen und Frikadellen oder Kugeln daraus formen. Für 10 bis 15 Minuten die Frikadellen in das erhitze Sonnenblumenöl geben und von beiden Seiten braten, bis sie goldbraun sind.

- Auf einen Teller die gegarten Brokkoliröschen und Gemüsefrikadellen anrichten und mit der gehackten Petersilie dekorativ bestreuen.

Vegane Gemüsepfanne

Eiweiß: 9.3 g

Fett: 9,1 g

Kalorien: 153 kcal

Kohlenhydrate: 20,7 g

Zutaten für 1 Portion

- 1 Karotte
- 5 braune Champions
- ½ Zwiebel
- 1 Frühlingszwiebel
- 1-2 Stängel Petersilie
- 1 EL Olivenöl
- Pfeffer aus der Mühle
- Meersalz
- ½ roter Paprika
- ½ Gurke

Dauer: 15 Minuten

Schwierigkeitsgrad: Leicht

- 1 roten Paprika halbieren und von 1 Hälfte davon die Trennwände entfernen und Kerne herausnehmen. Anschließend gut abwaschen und abtropfen lassen. 1

Karotte schälen und in Streifen schneiden, mit einer Länge von ungefähr 3 cm.

- Die 5 braunen Champions gut abputzen und in dünne Scheiben schneiden. Das trockene Ende entfernen. Bei einer halben Gurke die Schale abschälen, in 4 Teile schneiden und die Kerne entfernen mit einem Löffel. 1 Zwiebel halbieren und bei einer Hälfte die Schale abschälen und in feine Würfel schneiden. 1 Frühlingszwiebel in feine Ringe schneiden.

- 1-2 Stängel Petersilie abwaschen, trocken schütteln und in feine Stücke schneiden oder hacken.

- In einer Pfanne, 1 EL Olivenöl erhitzen. Zwiebelwürfel hineingeben und anbraten. Champions, Karotten, Frühlingszwiebeln, Paprika und Gurke hintereinander dazugeben und zwischen jeder weiteren Zugabe des Gemüses 3–5 anbraten. Alles gut miteinander verrühren. Je nach Geschmack alles mit Pfeffer aus der Mühle und Meersalz abwürzen.

- Die fertige Gemüsepfanne auf einen Teller anrichten und mit Petersilie bestreuen.

Schlusswort

Liebe Leser!

Vielen Dank für das Kaufen und Lesen dieses Buches.
Ich hoffe, dass die darin enthaltenen Informationen und
Rezepte sowie die verschiedenen Tipps Sie dazu animieren,
in Zukunft mehr Mahlzeiten nach Art der guten Deutschen
Küche zubereiten, und damit auf jeden Fall etwas Gutes
kochen!
Und natürlich hoffe ich sehr, dass Ihnen Alles gelingt, was
Sie mit Hilfe dieser Rezepte zubereiten, dass es Ihnen
schmeckt und dass Sie auch viel Lob dafür ernten werden.
Ich wünsche Ihnen das Allerbeste für die Zukunft!

Ihre Sophia Hold

PS: Wenn Sie zufrieden sind mit diesem Buch würde ich
mich über eine positive Rezension sehr freuen!
Danke!

Weitere Themenbücher von mir:

MEDITERRAN KOCHEN: Mediterranes Kochbuch für die Mittelmeer Küche - Mediterrane Rezepte - Incl. Vegetarische Rezepte - Ernährung gesund und schnell
https://amzn.to/2LmTqRN

VEGAN VEGETARISCH KOCHBUCH: Vegetarische Rezepte & Vegane Rezepte: Für Anfänger und Fortgeschrittene - Gesunde Schnelle Küche - Für Berufstätige und Faule
https://amzn.to/2IcB7xa

VEGANES KOCHBUCH: Für eine Fleischlose Ernährung - Vegane Rezepte für Berufstätige und Anfänger - Gesundes Essen für Einsteiger und Fortgeschrittene
https://amzn.to/2SC94xV

MEAL PREP Rezepte: Gesund Vorkochen und Abnehmen - Meal Prep für Berufstätige - Meal Prep Kochbuch - Incl. Meal Prep vegetarisch
https://amzn.to/2oQTxy5

HEIßLUFTFRITTEUSE Rezepte: Mit heißer Luft gesund kochen - Einfache und Leichte Küche für Ernährungsbewusste - Fettfreier Genuss
https://amzn.to/2QrhDMg

Diese Bücher und viele mehr finden Sie auf unserer Buchseite: www.acgs.at

Ich würde mich sehr freuen, wenn sie unsere Seite besuchen würden!

IMPRESSUM

Printed in Poland
by Amazon Fulfillment
Poland Sp. z o.o., Wrocław

86784006R00120